幼稚園だいすき

―子どもの園生活と育ち―

守 隨 香

 ななみ書房

.

はじめに

　本書は，研究者という立場で園生活に参加したいと願った筆者（以下，Kとします）の体験を基に書き下ろした，保育の紹介とその解説です。保育研究を志して間もないKが，幼稚園に保育観察と保育者への聴き取り調査に入らせてもらいました。保育中はメモを取り，子どもには「あそびに来た大人」に見えるよう自然にかかわるよう心掛けました。幼稚園の先生から，とにかく子どもの園生活にとって自然な居方をしてほしいと言われたからですが，やってみると馴染みのない者が自然に居るというのは意外なほど難しいことでした。一度だけ，保育者から「じーっと見過ぎている」と注意を受けたことがあります。研究者が一人入るだけで，その居方ひとつで子どもの世界を変えてしまうことを知りました。どこに座って（あるいは立って）いるか，どこをどのようなまなざしで見るか，子どもの動線の未来を予想して居場所を変えるなど試行錯誤したものです。Kの方から積極的にあそびに介入したり，何をしているのか子どもに尋ねたり，あそびに誘うようなことは控えました。子どもの生活に積極的にかかわることで生じるいかなることにも，Kは判断が下せないからです。判断は，責任を引き受けている者にしかできません。Kは保育者として園内にいるわけではないので，保育をしているという勘違いを自重すべきだと考えました。保育後はメモをもとに観察記録を書き，それを携えて保育後の幼稚園に戻ると，保育室で保育者の聴き取りを行いました。保育者が語る省察は今日の保育場面に直接かかわることだけでなく，最近考えていること，以前の子どもの様子，自分のとらえ方の変容など多岐にわたったのですが，本書では事例に関する語りのみ紹介します。

　研究者が保育を観察する場合，研究者の視点を携えていくことがあります。たとえば「子どものいざこざ場面」とか，「保育者の意向が子どものあそびの発展をどのくらい左右するのか」といったことです。そのような観察ではいざこざが起こるのを待つような観察になったり，保育者がかかわっているあそび場面ばかり追いかけることになるわけですが，Kは冒頭で述べたとおり，研究者という立場で園生活に参加したいという動機で通い始め，子どもや保育者と自然に生じるかかわりはしながら，興味にしたがって自由に観察を楽しんでいました。そうするうちに「おや？」と思うことを研究テーマとしてきたのです。ですから，どのようなテーマを追究しても，資料は"園の日常"を記述した広範な記録であって，目的的に観察した記録

2

に拠ることはしたことがありません。

　数年間の保育観察から書き起こした記録は膨大です。今それらを読み返し，アキ先生の保育に何を学んだかを振り返りながら，アキ先生の保育の魅力を伝えられる構成にしました。まずⅠでは，子どもの園生活が一日の流れと月の進行に沿ってわかるよう事例を配置しました。幼稚園といっても園ごとの特色や大事にしていることがそれぞれにあるので，Ｋが観察に入った幼稚園がどのような子どもの成長を目指しているかが如実に表れている事例で構成しました。Ⅱでは，Ｋの存在が子どもたちに受け入れられていく過程を描きました。先生でなく，職員でなく，何のために時々来ているのかわからない不思議なＫという存在がいる状態を，ここでは子どもにとっての非日常ととらえ，馴染みの薄いＫを生活世界に迎えた子どもたちが少しずつＫに心を差し向けるようになっていく過程を描いています。他者と出会い，関係を築いていく経験が子どもに必要であることを考えると，Ｋとの関係の変化は子どもたちの成長そのものでもあるはずです。Ⅲでは，アキ先生の語った省察に重心をおきました。悩ましさ，忙しさとどう向き合い，そのことをどのようにとらえているか，語りに注目して考察を展開しました。この幼稚園では，子どもがやりたいあそびを見つけてあそび込むことを保育者が援助する保育を行っているので，観察していても子どもや保育者が○○をしているという表面的なことしか理解できません。それでは何一つ理解できたことになりません。そこでⅣでは，こうした形態の保育でこそ子どもに育ち得ることは何であるか，考察できる事例で構成しました。生後３年から５年の幼い人間が他者の状態に開眼し，我がことのように心を動かし，思わずその人のために動く様は，アキ先生の保育の最大の美点です。そのような子どもの育ちが，幼稚園の何気ない日常生活の中でいかに積み上がっていくのか，そこをわかりたくて幼稚園に通った日々でもありました。アキ先生の保育でいつの間にか子どもに育っているものが，保育の最も大切な本質であると思います。

　保育は子どものあそびと保育者の援助であることは言うまでもないことですが，その内実が如何に複雑で濃密であるか，保育者の省察と日常のかかわりが如何に細やかなホスピタリティに満ちて織り合わさっているかを教えてくださった幼稚園と子どもたち，アキ先生への感謝のつもりで書き上げました。本書を通じて保育者，保育学生，保育研究者，保護者の皆さんが楽しくも真剣に対話を始めて下さることを祈念して上梓いたします。

もくじ

はじめに　　1

I　子どもの園生活

[1]　朝のあそび出し　……………………………………　7
　事例1–1–1　朝の子ども（3歳児5月）………………　8
　　保育者の語り：入園後まもないクラスの様子　9
　　考察：はじまりの空気とあそび出し　10
　事例1–1–2　涙が出る朝（3歳児7月）………………　11
　　保育者の語り：すぐにはいかれなかった……　12
　　考察：偶然から出会い直す　13
　　考察：敢えて境界線を設ける　14
[2]　先生が頼り　……………………………………………　17
　事例1–2–1　トトロを探しに（3歳児6月）……………　17
　　保育者の語り：トトロの世界をどう体験してほしいか
　　　　　　　　　（保育から1年後の語り）　18
　　考察：「楽しかった今日」を創り出す　19
　事例1–2–2　せんせいとお庭に行きたい（4歳児4月）……　21
　　保育者の語り：「せんせい」に応える　22
　　保育者の語り：「せんせい」「せんせい」のこと　22
　　考察：「せんせい」に応えることの意味　23
　事例1–2–3　「せんせい」とあそびたい（4歳児6月）……　25
　　保育者の語り：「せんせい」と「せんせい」の間　26
　　保育者の語り：受け止めるということ　27
　　考察：子ども理解の道のり　28
　事例1–2–4　輪っかに乗りたい子とつねられた子
　　　　　　　　　（4歳児6月）　………………………　30
　　保育者の語り：その子にとっての解決　31

4

考察：誰にとっての問題か　33
　［3］　何かに，誰かになろうとするあそび　………………　36
　　事例1−3−1　赤ずきんちゃん（3歳児10月）………　36
　　保育者の語り：赤ずきんちゃんのあそび　37
　　考察：真似から生まれる劇ごっこ　38
　　事例1−3−2　あめやさん（4歳児4月）　………………　40
　　保育者の語り：やろうとしたことが実現できるように　42
　　保育者の語り：あそびに必要な技術的な指導　43
　　考察：4歳児の幼稚園生活の始まり　44
　　事例1−3−3　人魚になりたい（4歳児5月）　…………　45
　　保育者の語り：保育場面から離れて思うこと　46
　　考察：「なりたい」を「なろう」に　47
　［4］　夢中になってあそぶ　………………………………　50
　　事例1−4−1　本当の船になった（3歳児7月）…………　50
　　保育者の語り：口をついて出る歌　51
　　考察：環境が生み出すあそび，あそびが創り出す環境　53
　　事例1−4−2　人の姿絵（4歳児6月）　………………　54
　　保育者の語り：魅力ある4歳児のあそび　54
　　考察：あそびへの思い入れから始まる育ち　55
　［5］　一日の終わり　………………………………………　57
　　事例1−5−1　そろそろおしまい（3歳児5月）…………　57
　　保育者の語り：あそびが続いていくことと片づけ　59
　　考察：あそびも片づけも長期の保育課題　61
　　事例1−5−2　おかえりの時間（3歳児5月）　…………　62
　　保育者の語り：大事なことがたくさんある
　　　　　　　　　（保育から1年後の語り）　65
　　考察：私とみんな　67

II　園生活の日常と非日常

　［1］　たまに来る研究者を迎える　………………………　68
　　事例2−1−1　あなたにも（3歳児7月）　……………　69

　　保育者の語り：絵の具への親しみ　71
　　考察：ミーまたはスニフ　71
　事例2-1-2　海賊なんだぞ（3歳児10月）……………　73
　　保育者の語り：夏を越して変わってきた　74
　　考察：創り出した自分の世界で他者と出会い直すこと　76
　事例2-1-3　アキ先生がいないから（3歳児11月）………　77
　　保育者の語り：シンデレラのイメージだけはある　79
　　保育者の語り：モト美について　80
　　考察：イメージを実現しようとすること　81
　　考察：見られたくない一面と通したい思い　83
［2］　隣のクラスとの行き来　……………………………　85
　事例2-2-1　あんなことしたい（3歳児5月）……………　85
　　保育者の語り：お兄さんお姉さんがやってくれた映画館　87
　　考察：保育観察と保育者への聴き取り　88
　　考察：内緒話―保育者も知らないこと―　89
　事例2-2-2　やりたいことはあるけれど（3歳児7月）………　90
　　保育者の語り：いつもと違う状況　91
　　考察：偶然から意味ある経験に　92

Ⅲ　保育者の省察

［1］　悩ましさと向き合う　…………………………………　95
　事例3-1-1　つかみ合い（3歳児5月）………………………　95
　　保育者の語り：オウ太があそび込めていない　96
　　考察：目立つところだけ見ていると大事なことを見落とす　97
　事例3-1-2　池で水あそびしなかった（3歳児7月）……　99
　　保育者の語り：「どうしてだろう？」と「やっぱり」　100
　　考察：手が届くところに自分を用意して好機を待つ　102
［2］　忙しさと向き合う　……………………………………　105
　事例3-2-1　チキチキルームの踊り（3歳児10月）………　105
　　保育者の語り：サク子が変わってきた　107
　　考察：子どもを理解すること　107

事例 3−2−2　お面の顔（4歳児 5月）…………………… 109
　　保育者の語り：自分で考えるようになってほしい　110
　　考察：大きな願いと今日のかかわり　112
事例 3−2−3　七夕のあそび（4歳児 7月）…………………… 113
　　保育者の語り：損してる感じがある　115
　　保育者の語り：あれでよかったのか　116
　　考察：「子どもの気持ちに寄り添う」なんて
　　　　　　　簡単なことじゃない　117
事例 3−2−4　他者（ひと）が思いどおりにならない
　　　　　　　（4歳児 7月）………………………………… 119
　　保育者の語り：気を取り直すこと，
　　　　　　　　　もう一度一緒にあそび直すこと　120
　　考察：他者も自分も先生も人であること　122

Ⅳ　友だちに心を寄せる

事例 4−1　せんせいも入れてあげよ？（3歳児 10月）…… 126
　　保育者の語り：「せんせい」ってどんな人？
　　　　　　　　　（保育から 1年後の語り）　126
　　考察：育つということ　128
事例 4−2　帰りのひとこま（3歳児 11月）………………… 129
　　保育者の語り：自分のことのようにとらえて動けてる
　　　　　　　　　（保育から 1年後の語り）　130
　　考察：他者に起きていることに心を動かす　131

ある日のひとこま①　　16
ある日のひとこま②　　35
ある日のひとこま③　　104
ある日のひとこま④　　124

むすびに　134
著者紹介　137

I　子どもの園生活

　ここに紹介する事例は，3歳児クラスと4歳児クラスの保育観察から筆者が書き起こしたものであり，[1] 朝のあそび出し，[2] 何かに，誰かになろうとするあそび，[3] 夢中になってあそぶ，[4] 一日の終わり，という4項目で構成しました。本章全体で幼稚園の一日の流れを追う形になっています。担任のアキ先生が3歳児クラスであった年と，4歳児クラスに持ち上がった年の事例が混在しているのですが，学年ごとのアキ先生の保育の違いが表れています。

　園生活で好きなあそびに出会い，あそび込むことによって子どもがする経験は豊饒です。子どもが関心を向けている先に眼を向けようとするアキ先生の保育が，子どもの一日の，一年のはじまりを温かく支えています。学びの根が，保育者の受け止めによって如何に生活の中で肥えていくかを，保育の場の具体にみていきましょう。

[1]　朝のあそび出し

　幼稚園の朝は賑やかです。特に子どもの自発的なあそびを起点とし，保育者がそれぞれのあそびに出向いて必要な援助を行うスタイルの保育では，子どもが登園してあそび始めると一人ひとりの居場所も様々になります。登園してきた時の気持ちのありようも，特に3歳児の春は様々です。保育者はいくつもの次元の「様々」を感じ取り，それぞれの気持ちや必要な経験を考えて自分の居方やかかわり方を模索しています。

事例1－1－1．　朝の子ども（3歳児5月）

　モト美が登園した。付き添って保育室に入った母親が，水道の前で子どもとかかわっているアキ先生に向かって「おはようございます」と挨拶する。アキ先生も振り向いて母親に気づき，「おはようございまーす」と明るい笑顔を返した。モト美は下向き加減で「おはよう」とアキ先生に言うが，声は小さくアキ先生の耳には届いていない。モト美は「あ，ママ」と言いながら後ろに立っている母親の方を振り返り，顔を見上げた。すぐに自分の手に持っているつつじの枝に視線を落とし，大きな葉をじっと見つめる。母親もモト美の視線につられるようにつつじの枝に視線を移し，「あ，お花ね？　先生に渡さなくちゃ」とモト美に囁くような声で伝えた。

　アキ先生が濡れた手を拭き終えて足早に近づいてきた。「お花？」とつつじとモト美を交互に見ながら尋ね，背をかがめてモト美と同じ高さで目を合わせた。モト美はかすかに「おはよ」と言いながらつつじに視線を落とし，手を開いて枝をアキ先生に見せる。アキ先生はつつじの枝を見ながら受け取り，葉を指して「あ，これ耳みたいね。耳みたいでかわいい」と言った。ほんの一瞬アキ先生とモト美が目を合わせて微笑み，アキ先生は立ち上がって窓際に行き，花瓶につつじを活けた。

　アキ先生が目を離して花瓶のつつじの活け具合を確認している間にスナ子が登園し，スッと先生のそばに立った。先生に背を向ける形でボーッと立っている。「スナ子ちゃん」と言ってアキ先生は，スナ子の顔を覗き込むようにした。「朝来たら何する？」「グチュグチュパー」「あ，よく知ってるじゃない」とやりとりし，スナ子は水道へ駆けていく。

　アキ先生がスナ子の母親としばし談笑し，母親が「じゃ，スナちゃん行ってらっしゃーい」と手を振ると，スナ子は「行ってきまーす」と答え，アキ先生の手をとった。

　スナ子は先生の手を引いて水道の前まで来る。アキ先生は「あれ？　スナ子ちゃん，もうやった？」と水道を指さした。スナ子は答えない。アキ先生は膝

に両手を当ててスナ子の顔の前で「朝来たら何するんだっけ」ともう一度聞く。「グチュグチュパー」「もうした？」これにもスナ子は答えず，黙って首をかしげた後，水道に向かう。歩きながらスナ子は振り向いてアキ先生に「みてて」と言う。先生はすかさず「はーい。今行きまーす」とスナ子の方へ歩き出す。うがいの後でスナ子は手を洗う。石鹸で手をこすり合わせながら，窓外の雀に向かって「ピーちゃん，おはよう」と声をかける。手を洗い終え，タオルでよく拭くと，庭への出入口から「ピーちゃん，ごはんよー，ごはんよー」と呼びかける。

○●保育者の語り●○　　入園後まもないクラスの様子

　割とみんな，他愛ないことやってるんですよ。感じとして。他愛なくあそんでいるっていう印象が，私にはあって。

K：そう思います。日常っていう感じですね。

　そうそうそう。まだプラフォーミングだって立派なものもつくれないしね。

K：そういえばプラフォーミング使ってないですね。

　あのね，使う人は使うんですけど，別にカッコいいのにしようっていう気持ちは，あんまりないんですよ。積み木だってただ並べてたりね？重ねちゃぁ崩したり，そういう感じでね。あんまり構成もしないんですね。ままごとも，ほんとに，ごちそうを並べて食べるとか，なんかに入れてひたすらあっちこっち運んでるとかね。割とそういう感じがして。

K：淡々とあそぶ，感じですよね。

　そうなんですよね。だからまだ毎日けんかがあるとか，ってこともなくて。

K：朝，親と別れるのが「やだー」とか言って泣くような人もいませんか？

　最初はちょっとありましたけど，今はもう全然ないですね。

K：ふーん。ところでスナ子ちゃんは先生にベッタリしてましたね。

　そうなんです。あれはまぁ，ここのところずっと，そうなんです。ただあの

人は，今まではちょっと何かあると「せんせい，おしっこ」「せんせい，うんち」って私をトイレに連れていくのを一日何回もやってたのに，今日は1回もやらなくて。ただ，先生のそばにいるっていう。あれはまぁ，でもいつもなんです。

K：まだお友だちとあそぶとかじゃない？

　そうですね。やっぱり，意外に目立つんですよね。身体も大きいし。ああやって，割とみんなの中には入ってるんだけど，……あんな感じです（笑）。あと朝お花をくれた**モト美**ちゃんは，すごい人なんです。あの小っちゃい**モト美**ちゃん，たくましくて。いきなり蹴っ飛ばしたりして。すごい勢いで。

●●考　察●●　　はじまりの空気とあそび出し

　保育室にはいつも花瓶に花が活けられています。先生たちは担任するクラスの保育室で花を花器に活けて，少し離れて姿勢を低くし，眺めます。子どもの目線の高さから見て，美しく見えるように心を配って花の配置や茎の長さを調整するためです。生花のある空間に，誰からも急かされない穏やかな時間が流れていきます。

　事例の登園風景では，**モト美**が何らかの無理をして，がんばってここにいるという力みがまったく感じられません。元気よく先生に挨拶する気持ちにならなくとも，声が届かなくとも，つつじの花を手に持ってやってきた**モト美**の幼稚園に向かう心は，ちゃんと先生が受け取ってくれています。**モト美**が気持ちを寄りかからせている母親の後押しで，おそらく**モト美**はつつじの花と共に自分自身の心をも母親の傘の下から先生の元へ，移動させたのではないでしょうか。照れや躊躇がありながらも花を手渡した行為が，**モト美**自身を自ら園生活のはじまりに踏み出させたようでした。

　スナ子もまた，幼稚園に来たらまずやるべきことがあるという，すでにわかっているルーティンによって，いつのまにか母親の元から離れ，幼稚園の生活に自ずから入っていきました。アキ先生は，**スナ子**を介した母親との関係を丁寧に愉しんでいます。

　人は幼児期を脱しても人生の長い過程で何度も新たな局面に足を進めること

になりますが, 最初の一歩を踏み出す時, その踏み出しが自立といえるのはきっぱりとした子ども自身の決意による時もあれば, 不確かな意思で自然にスッと次の局面を生き始める時もあるでしょう。**モト美**の登園風景は何気ない静かなやりとりですが, アキ先生は**モト美**が母親から離れて一日の園生活に入って行く気持ちを慌てないで醸成しているのがわかります。子どもがいつのまにかスッと次の局面に踏み出せるよう, さり気なく助けることができるのは, 保育者の援助技術の一つです。

事例1-1-2. 涙が出る朝 (3歳児7月)

　今日は, いつもと少し違う3歳児の生活が始まった。隣の組の3歳児担任が手足口病になってしまい, 何日かお休みすることになったのである。だから副園長先生が隣の組に重点的に入っているけれども, アキ先生も絵の具あそびなど, 一緒にできるあそびは隣の組に子どもたちを連れていって行うつもりでいた。

　廊下から, アキ先生が泣いている**ルミ**を抱いて保育室に入った。**ルミ**は隣の組の3歳児で, 身体が小さいからか, 泣いて抱かれているといかにも幼く見える。「お客さんでーす」とアキ先生は周囲に笑顔で伝えると, **ルミ**の顔を覗き込んで「小鳥の赤ちゃん見る?」と尋ねた。**ルミ**はアキ先生の腕に抱かれたままうなずく。隣の組の保育室には小鳥がいない。**オウ太, ユウ治, カズ矢, ハル子**も寄って来て, みんなで鳥かごを覗く。

　その頃廊下では, **ソウ志**が保育室への出入口付近でうろうろ行き来していた。時折足を止めて, そっと息をのむような慎重さで保育室の中をチラリと見る。アキ先生は腕の中で小鳥に興味を持ち始めた**ルミ**と, 取り囲む子どもたちの顔を見ながら, **ソウ志**の視線に気づいた。**ソウ志**に笑顔を向け, そっと手招きを送る。**ソウ志**が動かないでいるとアキ先生は, 鳥かごを指して, そっと**ルミ**を床に下ろすと両手で鳥が飛ぶ仕草を**ソウ志**に見せた。**ソウ志**はアキ先生のジェスチャーを見ていたが保育室には入らず, アキ先生の視界にある出入口から姿

を消した。

　2分後，ソウ志は母親と共に保育室に入ってきた。が，なぜかすぐに二人とも廊下へ出ていく。子どもたちが小鳥の家族に夢中になっているのを目で確認したアキ先生は，静かに廊下へ出た。ほどなくして，泣いているソウ志をアキ先生が抱いて保育室に入った。ソウ志は顔を赤くして声を張り上げている。「お母さんのバカァ」。アキ先生は「よしよし，わかったよ」と優しくあやすように言うと，「じゃ，ちょっとここで，ね」とソウ志を木製の船の中に座らせた。自分も船の座席に座り，ソウ志の背中を撫で始めた。ソウ志はしばらくの間鼻をシュンシュンさせていたが，泣き止んで船から出ると，さて何があるかな？という表情でキョロキョロし始めた。

○●保育者の語り●○　　すぐには行かれなかった……

　隣の組の先生が手足口病で急にお休みになったんですよ。ルミちゃんがどうしていいかわからない感じで，とりあえず，隣の組にいた副園長先生に「連れて行きますね」って言って，抱っこして行ったんですけども，隣の組には小鳥がいないので，小鳥を見ながら気持ちを落ち着けるといいかなと思ったんですね。

　ソウ志くんはお母さんと離れられなくて，でも，お部屋の様子も気になり始めてたから，先生はここにいるのよ，小鳥を見てるのってことが伝わればと思ったんです。だけどなかなかそういう気持ちになれなかったんですね。ソウ志くんのお母さんは，この子は大丈夫と思っているのか，「そーんなこと言わないで，行ってらっしゃいよ〜」っていう感じの方なんです。

K：そうなんですか。ずいぶん長い時間ソウ志くんにつき合っていたから，そういう感じだとは思いませんでした。

　そうなんですよ。よくつき合ってくれたと思います。私がすぐには行かれなかったから。ソウ志くんは，いつもと違う雰囲気を感じたんでしょうね。チラ

チラ覗いている時に，サッと迎えに行ってたら長引かなかったでしょうね。お母さんはもう帰りたかったかもしれないし，**ソウ志**くんは切り替えられなくなってたので，泣いているけど引き受けたんです。

●●考　察●●　　偶然から出会い直す

　隣の組の３歳児担任は急病でお休みしています。急なことなので，幼稚園はにわかにいつもとは違う連携体制で保育を行うことになりました。ルミは担任の先生が不在な保育室ではなく，アキ先生に抱かれてアキ先生の組の保育室に登園しました。隣の組の子どもたちはいつもどおり隣の組に登園して，副園長先生が迎えているのですが，ルミは泣いてしまってあそべる状態ではなかったので，アキ先生が自分の組の保育室に連れてきたのです。ルミはいつもと違う朝を，この組のお客さんとして始めることになったわけです。小鳥を見ていると，この組の子どもたちが三々五々やってきて，いつのまにか皆で鳥かごを覗いている状況になりました。入園して４か月の間に庭で一緒にあそぶ機会もあったので，子どもたちは違和感なくルミと視線を共にしています。ルミの気持ちも次第にほぐれてきたようで，アキ先生が慎重に離れても，後を追ったりはしませんでした。

　偶然もたらされた園生活の変容は，子どもだけでなく保育者にとっても一大事です。心積もりしていたことをそのまま実現できず，現実の状況下で心積もりを修正しながら生活を続行しなければならないからです。しかもその間，保育者は子どもたち一人ひとりの不安を最小限にするよう微々細々の配慮も怠らないのですから，外から見ているといつもの笑顔ですが，内心はさぞ大変な思いがあるはずです。この日はどちらの組にも登園で泣いてしまう子どもがいました。家庭から幼稚園に移動して，親とつないでいた手を離すのは，７月とはいえ容易でなく，境界の向こう側に踏み出す気持ちにスンナリと切り替えられない日もあるようです。

　ルミに小鳥の赤ちゃんを見せたのは，ルミの関心を別方向に誘い，悲しみに蓋をして園生活に巻き込むためではないと思われます。担任の先生がいない偶

然を機に，一緒に同じ関心を分かつことでこの園には"私（アキ先生）もいる"ことをルミに知らせ，アキ先生とも親しくできることを感じ取ってほしかったのでないでしょうか。アキ先生も頼れることに気づくと，ルミの今後の園生活は広がるはずです。アキ先生とのかかわりが，登園で泣かずにいられなかったルミの思いを今日の園生活への期待に少しずつ変えていく前向きな境界になることを願ったのでしょう。

●●考　察●●　　あえて境界線を設ける

　ソウ志はこの朝，母親と一緒にいたい気持ちが勝り，園生活に踏み出すことに抵抗感があったようです。けれどもソウ志はアキ先生が自分に気づいて誘っていることがわかり，母親と離れがたい気持ちと先生や友だちが楽しんでいるあそびの魅力との間を心が往復し始めます。たぶん母親の説得もあったと思うのですが，ソウ志は一度は保育室に入りました。でも，すぐに廊下へ戻ってしまいます。ソウ志のこの身体の動きが，ソウ志の心の往復を表しています。母親は，できるだけいいコンディションで保育室に送り出そうと我が子の心の揺れを受け止め，寄り添っていたのでしょう。

　アキ先生の繊細な配慮は，身体の動きにも表れています。ソウ志が保育室に入りあぐねているのに気づいた時，アキ先生のアンテナはルミと共に小鳥の赤ちゃんを見ることと，ソウ志をできるだけ平常な心で保育室にいざないたいことの二方向に分岐しました。アキ先生の手が鳥かごを指さしたことで，ルミの関心と視線は鳥かごの小鳥の親子に集中しました。そうしておいて，アキ先生はルミの身体を自分の身体からそっと離し，ルミの足を床につけています。ルミが身の置きどころが変わっても不安になっていないのをおそらく慎重に身体で察知しながら，アキ先生はソウ志に視線を移し，鳥が飛ぶ仕草をして見せています。ソウ志に対して，そこにいることに気づいているというメッセージは届いたようで，ソウ志はアキ先生の仕草を見ていたものの，残念ながら保育室に入ろうとはしませんでした。この時のソウ志にとっては，アキ先生も他児たちのあそびも小鳥も，母親から離れて一人境界線を越え，園生活に入っていく

誘い水にはならなかったようです。結局ソウ志が，アキ先生や母親が願ったような笑顔で入室することは叶いませんでした。母親と離れるために涙を流し，悪態をつきながらアキ先生に抱きとられました。

　ソウ志の今日の園生活を始めるために廊下へ出ることになったアキ先生は，ルミを含む子どもたち数名が小鳥に惹きつけられていることを確信してから移動しています。保育者のアンテナは一つの物事にだけ注意を払う集中力の象徴としてでなく，何本も同時に同等にはたらくセンサーとして機能していなければなりません。たとえ視界にいなくとも，多くの子どもの関心や状態に常に気を配り，可能な限り必要な時にいつでも援助できる心の態勢を保っています。ルミの安定が確信できたから，アキ先生はソウ志を迎えに行きました。もしもルミの心配がなかったら，アキ先生はもう少し廊下に長くとどまり，泣きわめく状態でソウ志を抱いて入室することはなかったかもしれませんが，あちらもこちらも立てなければならない状況において，これが最良の保育行為であったと思われます。

　アキ先生に抱かれて泣きながら園生活の一日を始めたソウ志を，アキ先生はいきなり小鳥を眺めている他児の輪に入れようとはしませんでした。未だ今日の園生活を始められていないソウ志と，小鳥の親子に夢中になっている子どもたちでは同じステージに立っていないからです。悪態をついて泣いているソウ志が加わったら，小鳥の赤ちゃんを見つめている子どもたちの静かな状態も壊れてしまうでしょう。それでアキ先生は，保育室の隅に置かれている木製の大きな船という目に見える境界線に囲まれた二人だけの空間で，ソウ志が気を取り直す時間を共有したと思われます。この時，船は他児たちがあそび始めているのと同じ室内にあっても，他児の生活から一線を画した囲いとして機能しています。だから船に乗っている間は，ソウ志は他児の様子を見てはいても，未だ実質的には登園していません。

　囲いのある半分閉じた空間は，他児とは一線を画した居場所として，これから始まる園生活に入っていくための心の準備が安心して行える場になったようです。つまりアキ先生は，あえて目に見えない境界線を設けたともいえるでしょう。船の中に自分一人きりでなくアキ先生がピッタリと隣に座ってくれたこと

も，**ソウ志**に気を取り直す時間をもたらしたかもしれません。**ソウ志**が自分の興味に従って自然に船から出ていったことから，アキ先生の居方がそのような結果を生み出したと考えられます。アキ先生が設けた境界線は，それが子どもにとって必要なくなれば，子どもがいとも簡単に飛び越して向こう側へ踏み出せる緩やかなものでした。

　アキ先生は，様々な目には見えない境界線をあえて創り出し，それを濃くしたり薄くしたりしています。アキ先生が二つの保育室を行き来することで組の垣根が低くなり，組の境界も曖昧になっているのです。この日のアキ先生は，偶然がもたらした組の行き来を，そんな子どもたちの生活世界が広がる未来に差し向けたといえるでしょう。偶然からどのような実践を生み出せるかは，保育者の創造的な力量にかかっています。子どもが次の局面に自分から自然に踏み出す時，それまでの心の揺れを感じ取って揺れに寄り添ってきた大人の支えが足場になっています。

ある日のひとこま①（3歳児 7月）

スナ子が登園した。
手に持っている銀杏の葉を 1 枚，
にっこり笑いながら先生に掲げて見せる。
アキ先生は**スナ子**の方へ歩き，
笑顔で葉を受け取った。

[2] 先生が頼り

　子どもたちの園生活は，ことに入園当初は先生の存在が頼りになります。まだ慣れない環境で不安を受け止めてくれる先生がいるから，毎日幼稚園に来て不安を持ちこたえながら過ごすことができるのです。先生の存在に支えられて幼稚園が安心して居られる場所になると，子どもたちは少しずつ周りに眼を向け，面白そうなあそびや他児の魅力に気づき，関心を向け，やがて自分を動かし始めます。

事例1−2−1. 　トトロを探しに（3歳児6月）

　保育室にいるアキ先生に，庭への出入口から**アミ**が大きな声で呼びかけた。「せんせいー，アリ捕まえてー。踏んでー（笑）」。アキ先生は「踏むのやだー」と答えながら保育室を出て，外靴に履き替えると，足早に砂場の脇に行く。アキ先生は歩きながら，隣の組の3歳女児が隣の保育室外の階段に腰かけてぼんやりしているのを目の端でとらえていた。アキ先生は**アミ**と砂場の中でちょろちょろせわしなく動いているアリを眺め，ひとときことばを交わした。

　腰かけてぼんやりしているのは**ツバサ**であった。「**ツバサ**ちゃん，おはよう」とアキ先生は隣に腰かけながら挨拶した。「見てるの？」と尋ねると**ツバサ**は，消え入りそうな声でポツンと「トトロ……」と言う。アキ先生は首から上を**ツバサ**の頭に寄せて，「うん，ほら」と庭の大きな木や大型遊具の方を指さしながら，楽し気に話している。すると**ツバサ**が「うん！」と言って立ち上がった。アキ先生も「やろ，やろ」と言って勢いよく立ち上がった。近くにいた**マサ美**が「なあに？」と興味を示した。アキ先生は「やろうって。さ，トトロ探しに行こ」と**ツバサ**，**マサ美**と連れ立って上履きに履き替えると，保育室に入る。そのまま保育室を通り抜け，三人は廊下へ出た。**マサ美**は庭に持ち出していたカセットデッキを提げている。

18

　廊下で，アキ先生は**マサ美**が持ってきたカセットに♪さんぽ♪のテープをセットした。♪あ，る，こー♪と馴染み深い軽快な歌が流れると，子どもたちの表情に高揚感がみられる。**マサ美**が先生のおしりを押し出して「歩いて」と言う。アキ先生は手を振って軽やかに行進し始めた。5，6歩進んだところでアキ先生は振り向き，「**マサ美**ちゃんも歩こ？」と笑いかけた。**マサ美**は足元のカセットデッキを見下ろしていて，歩き出さない。アキ先生は曲に合わせて手拍子し，周囲にいる子どもたちと次々目を合わせながら行進を続ける。**カコ**が保育室から鈴を持ってきて，アキ先生が行進するのに合わせて鈴を鳴らし始めた。アキ先生は**カコ**の方を振り返って鈴を振る手つきで同じリズムをとった。

　アキ先生の行進と共に3歳児数名が廊下の突き当たりにある遊戯室に入った。遊戯室では，4歳児担任のイハラ先生が4歳男児たちと大きい積み木を組み立てて滑り台をつくっているところであった。アキ先生がイハラ先生に「（うちの組の人が）2，3名いません？」と尋ねると，イハラ先生も心得ていて，「いませんよ」と即答する。そのやりとりを聞いていて**マサ美**が怪訝そうな顔でアキ先生に「せんせいのお友だち？」と尋ねる。アキ先生は笑顔で「そう」と答えた。

○ ●保育者の語り● ○　　トトロの世界をどう体験してほしいか（保育から1年後の語り）

　この場面のはっきりとした記憶はないんですけれども，改めて読んでみると，「トトロを探しに行こう」って言って，室内に入ったじゃないですか。

K：はい。

　それがどうしてなのかな？って思って，**ツバサ**ちゃんと楽し気に話している会話の中で，室内でのあそびを思わせる何かがあったのかなぁ。もしかしたら**ツバサ**ちゃんは上靴を履いた状態だったのかもしれないし。何か，思いが部屋の方に向いていたのか，どうなのかなって思います。改めて保育記録を読んでみると，そこがわからないんですね。

K：トトロって，外にいそうですもんね。私も二人の会話の中味までは聞こえなかったんですけど。

そうなの。お部屋から外に出るために下りる階段に二人で腰かけて，私は「ほら」ってお庭の木を指してたわけでしょう？

K：そうです。

なのに動き出したらお部屋に入ってるわけで。「ほら」の後に何を話したかなぁって。私は靴を履いてるわけですけど。

K：ん。ツバサちゃんは上履きだったんでしょうね。その後の場面はみんなすごく楽しそうでした。

後半の記録ではツバサちゃんの様子がないんです。そこがわからなくって。でもツバサちゃんは，上靴である……可能性がある人です。

K：そうですか。だから会話の方向性で室内でのトトロ探しになって，その後もしかすると，いつの間にかあそびから離れていなくなっちゃってった可能性もありますね。

そう。自分の組の人たちは，いろんなことしてくれて，それに応えている私というのがとてもよくわかるんですけどね。でもツバサちゃんに，何かのきっかけをつくっていた私っていうのが，いたんだなぁと思って。ツバサちゃんは，割といろいろ考える人……考えて，ことばにもできる人だったから，……身体動かしてね？　行ってみようよ，やってみようよ，探しに行ってみようよ，みたいなことを，そのきっかけをつくろうとした？　身体で動いて感じてほしいなと思ってたのかなと，思いますねぇ。

●●考　察●●　「楽しかった今日」を創り出す

保育者にとって園生活は，小さな出来事が多発する毎日です。もちろん，子ども一人ひとりにとっては「多発」ではなくて，他ならぬこの私の身に起きた重大な，あるいは深刻な一つの出来事です。足元でせわしなく動いている無数のアリに出会うことも，子どもによってその意味は多様ですが，アミにとっては驚きと戸惑いの体験だったのでしょう。

　好きなあそびをみつけてみよう，それをとことんやってみようと言ってもらえる環境は，子どもが主体的に生きる人間になることを後押ししています。子どもにとっては，主体的に生きてよいのだと無言で伝えられている毎日です。けれどもそのような園生活は，時にはやりたいあそびが見つからず，子どもが途方に暮れて過ごす時間をも生み出します。主体的に生きることは自分の生活を自分の意思と責任で創り出すことですから，自由も味わえる反面，案外大変なことでもあります。だからそこにも保育者の援助に出番があります。ここでいう援助とは，子どもがやりたいと思えるあそびに最終的には出会えることを目指すのではありますが，性急に「さあ探してみましょう」という態度でかかわるばかりが援助ではありません。やりたいあそびを探すことは，失くした物を探すようなこととは違います。見つけようとしていて他児のあそびに眼が止まり，引き込まれることもありますが，本当にやりたくて追求できるあそびに出会うには，子どもが自分自身と対話することが必要です。やりたいあそびが見つからない子どもの手持ち無沙汰な状態を，保育者も仮に一旦引き受けて，共にその状態を生きることが，結果的には子どもが何か見つけて保育者とつないでいた手を離し，あそびに入っていくことを早くもたらす場合だってあります。子どもが自分と対話することに伴走するのです。

　事例では，**ツバサ**が気持ちを傾けたトトロを，アキ先生が一緒に探しにいくことにしました。この語りは保育から１年後のものなので，後半の，音に合わせて身体をつかってあそぶ場面に**ツバサ**がどのくらい参加していたか記録に書かれておらずわからないのが残念ですが，アキ先生が**ツバサ**を誘った根拠は明瞭に語られています。トトロのことを考えていたらしい**ツバサ**に，身体がほぐれるようなことができたらいいのではないかと思い，先生もそれに付き合おうとしたのです。

　そこに，アキ先生と一緒にあそぶ魅力もあって他児が加わります。アキ先生と**ツバサ**がトトロの世界にいることを知って子どもたちは音楽をかけ，行進し，手拍子を鳴らしているうちに，楽器を持ってきて鳴らす子どもも現れました。**ツバサ**がトトロに出会えたかどうかはわからないのですが，高揚感を味わった"子どもたち"の一人として，他児と楽しむ時間が過ごせたことは確かでしょ

う。園生活は多様な人の交差で，あそびが，本人のイメージや見込みを超えていくことも多々あります。先生にも見通しはあるのですが，その見通しとは違う展開になることを許容することで，偶然がもたらした新たな楽しみ方が，今後のあそびのイメージが増幅する可能性が出てきます。それが，園生活ならではの経験ではないでしょうか。保育者は子どもの求めるあそびに付き合いながら，偶然を上手に取り込むしなやかな生き方を体現しています。

事例1－2－2.　せんせいとお庭に行きたい（4歳児4月）

　廊下にいるアキ先生を探し当て，リョウ太はそばに行って「せんせい」とアキ先生を見上げた。アキ先生はリョウ太がずっと待っていたことを知っていて，「リョウちゃん，お待たせしました」と答える。そこへ，「せんせい，見て」とマキがつくった髪飾りを髪に当てながら見せにきた。「マキちゃん，ちょっとごめんね。先生，リョウちゃんとお庭であそぶって約束なの。あ，かわいい。帰ってきたらよく見せてね」と名残惜しそうに別れ，アキ先生は保育室を通って庭に出た。

　アキ先生より早く外靴に履き替えたリョウ太は，滑り台の方へ一目散に駆けていく。「リョウちゃん待って，リョウちゃん早い」と追いかけるようにしてアキ先生も走る。滑り台で戯れるようにして二人きりであそんでいると，そこへ保育室の出入り口からダイチが「せんせいー」と呼ぶ声がした。ちょうど，二人が滑り台の上にいる時だった。アキ先生は声のした方を見て，ダイチであることがわかると，リョウ太に「先生ちょっと，ダイちゃんのとこ行ってくるね。ここ滑ってから行くね」と伝えた。リョウ太は黙っていた。アキ先生は滑り下りると，まだ上にいるリョウ太に両手で大きく手を振って保育室に入っていった。

　ダイチは水道で手を洗おうとしてズボンが濡れてしまい，着替えたことを先生に伝えたかったらしい。アキ先生はズボンに入りきれていない上着の裾を，丁寧にズボンに収め，「さっぱりしたでしょ。着替えてよかった」と言うと，

廊下へ出ていく。廊下では**サチ子**，**ヒサ美**があめやさんを開いていて，どうや
ら大繁盛しているようだった。

○●保育者の語り●○　「せんせい」に応える

　リョウ太くんは新しくこの４月に４歳児で入園した人で，この一週間あん
まり「せんせい」「せんせい」って言わなかったんですね。それで，**ノブタカ**
くんと同じ幼稚園から移ってきたのもあって，**ノブタカ**くんと，こう，寄り添っ
て，何とか過ごしてきたんですよね。それが今日，二人のしたいことが食い違っ
ちゃって。**ノブタカ**くんはお庭に誘われたけど「ぼくはこっちがやりたいから
断った」っていう気持ちがあって，**リョウ太**くんの方も「一緒に行きたかった
のに断られた」っていう気持ちがあったみたいで。「残念だけどぼく一人で行
くよ」っていうのがあったので，「じゃあ先生も一緒に行くから」ってことで行っ
たんですね。
　すごく先生を待ってたし，ああいうふうに「せんせー」って，すごく先生に
気持ちが向いた時に，やっぱり，特に入園当初なんかは，応えてあげることが
すごく大事かなと思ったんです。最初は追いかけっこのようにやってたんです
けど，私が滑り台を滑ってたら，そのうち自分で滑り台の周りを周ってきて「先
生が滑って下りるよりぼくが走ってきた方が早かった」っていうのをすごく喜
んで。それでひとしきりあそんでた。

○●保育者の語り●○　「せんせい」「せんせい」のこと

　先週後半は，３歳児からこの園にいる人たちの方が，「せんせい」っていう
のが多かったような気がするんです。新しく入ったばかりのお子さんはまだ，
ここが初めてだから，様子をみてる感じがあって。ちょっとそういう印象が
あったんですよね。でも今日なんかだと，**リョウ太**くんをはじめとして，一週

23

間で様子がわかった新入の子どもたちも結構「せんせい」って言うようになったんですね。3歳児からいる子どもたちは，担任が代わったことで，やっぱり余計に先生を……こう……どういう人かっていうのをね，確かめたいのかなぁと思ったんですけど。

　凄かったでしょう？　今日「せんせい」って，ずっと。あんな感じなんですよね先週も。たまたま今年のクラスの子の状況でそうなるのもあるし，概して，入園してすぐはどうしてもそうなりがちではあるんです。ただ一人ひとりの子どもによって，「せんせい」って言ってる意味が，何か違うような気がするんでね，私は今，とにかくそれには応えようと思ってるんですよね。だけど応えながらも，だんだんには，「自分でしなさい」って言葉で言うのではなくて，自分であそびが見つかったり進められるような方向に，なってほしいとは思ってる。今「せんせい」「せんせい」って言って，私が応えてることが，先にいってね，どういうふうになるのか，今日の姿だけじゃなくて，何か月か経った時にね，そういう感じに気にして見ていただきたいんですね。

K：3歳児からここにいる人たちに「せんせい」「せんせい」が多いというのは意外です。

　そうなの。私もね，でも，そうなのかなぁと思いましたね。その勢いがあるから，新しい人はちょっと遠慮してたのかもしれないし。

　逆に，その「せんせい」「せんせい」って言ってる子にどうしても応えますよね。こっちがね。だから先週の後半ちょっと私自身もそういう人に応えすぎちゃって。新しく入ってきて黙々と積み木をやって黙々と電車をやってる人たちへの気持ちの向け方がね，やっぱりちょっと足りなかったのかなぁなんて先週反省しました。音がしたりするとパッとは行くんだけど，こっちから出向くってことが，どうしても少ないっていうかなぁ……でもたぶん，今日の「せんせい」「せんせい」っていうのは象徴的だったような気がするんです。

●●考　察●●　　「せんせい」に応えることの意味

　リョウ太のように4月に入園したばかりの子どもが，担任の先生を頼りに

新しく始まった園生活の基盤を築いていくことは理解しやすいのですが，昨年一年間この幼稚園で3歳児として過ごした子どもたちが「せんせい」「せんせい」と言うのは少々意外なことのように思われます。そしてこの一見矛盾しているような現象は，新しい環境に繰り返し踏み出していく人間の人生で，幼児期の子どもが素直に表現する不安を表しているようでもあります。去年からこの幼稚園に来ているのだから，不安があるとは思わないのは大人の眼であって，子どもその人にとっては進級してこれまでとは違う保育室に入り，担任の先生も昨年度とは異なるとすれば，3歳児入園の子どもたちにとっても今年の4月は文字通り新しい環境へ踏み出した状態であったわけです。

　むしろ4歳児で新入園した子どもたちは，園生活のスタート時点では目新しい環境に引き込まれ，気持ちの赴くままに探索ができたのかもしれません。そんな4歳児入園の子どもたちが，数日間の探索を経てふと我に返ったら改めて新しい環境に飛び込んでいる自分の足元が急に不安になったと考えることもできます。ともあれ，子どもが新たな環境に踏み出して以降，どのように環境と交わり，環境を自分に馴染ませていくかは，決して右肩上がりの直線のような単純な過程ではなさそうです。よく知っている幼稚園でさえ，自分の居場所となる保育室が昨年とは別の保育室になったり，頼りにすべき担任の先生が替われば子どもには新しい環境であり，これまでとは違う生活の始まりとなるからです。

　新しい環境で寄り添い合って過ごしてきたノブタカが，自分のやりたいあそびを見つけてそちらへ行ってしまった時のリョウ太の心細さをアキ先生は汲み取り，先生にすがりたい思いを受け取り，リョウ太が"受け取ってもらえた"と実感できる形で返そうとしたことが，事例にもアキ先生の語りにも表れています。

　アキ先生はリョウ太の「先生と一緒にお庭であそびたい」という求めには，応じたいと思っていたのでしょう。お店の子どもへの援助を先にして，その間リョウ太を待たせても，ゆっくりかかわれる時間を確保して庭へ出ているからです。リョウ太には，先生と打ち解けた時間を過ごせた経験が，この後の友だちへの信頼をもたらすだろうと思ったので，できるだけ多くの時間をリョウ太

が満足できる過ごし方で満たそうとしたのでしょうか。それでも，**リョウ太**と過ごす時間の終わりは，**リョウ太**とアキ先生の二者関係で決定できるとは限りません。沢山の「せんせい」を求める呼びかけがあるからです。「せんせい」「せんせい」に引っ張られながら，自らの居方をその都度選ぶことを，アキ先生は日常行っています。子どもが好きなあそびをみつける過程でも，好きなあそびを始めてからも，いつも既に，模索と意思決定を引き受けているのです。

　子どもたちにとって先生という存在は自分の居場所のようなもので，先生が"一緒にいてくれている"と実感できることが子どもの園生活の安心感そのものになります。この時期に，頼った大人がしっかり不安を受け止め，一緒に乗り越えてくれると信じられた子どもは，周囲を見回して面白そうなものを見つけ，環境とのかかわりに踏み出せるのでしょう。「せんせい」に内包されているそれぞれの意味を考えながら，どの子にも，応じてくれる保育者の存在が保証されるよう園生活を営むのが保育です。

事例1–2–3．　先生とあそびたい（4歳児6月）

　アキ先生は保育室の材料棚の引き出しを開け，中を覗き込みながら手で探っている。腰を曲げているので，庭から保育室に飛び込んできた**モエ**には先生の姿が見えなかったようだ。**モエ**は勢いよく保育室に入ったものの，「おや？」という表情で室内を見回している。諦めたように踵を返し，庭へ続くテラスへ出ようとしたが，保育室からあと一歩で外へ出るところで振り向いた。アキ先生もちょうど背を伸ばし，机に新しい紙を運ぶところだった。**モエ**は保育室に再度入り，アキ先生に近づきながら「せんせー」と呼びかける。机で**チサ子**と話し始めたばかりのアキ先生は，**モエ**の声が聞こえたようだが振り向かない。「私も（冠づくりが）やりたい」と目を輝かせるように寄ってきた**ミサ子**を迎えながら，**チサ子**と**マイ**の頭に仕上がったばかりの冠を載せて「二人とも，よく似合うわ」と微笑んだ。

　アキ先生が7，8分間，製作にかかわっている間，**モエ**は三度「せんせい」

とねだるような顔で呼び、「ねえ，お外」とアキ先生の腕をつかんで引っ張りもした。ようやくアキ先生が「あ，ごめんね，モエちゃん。今行くわ。ここ終わったら行きます」と答えてくれて，モエは不承不承待つことにしたようであった。アキ先生はまだ，レンジャーのベルトのバックルを苦戦してつくっているユウを手伝っていて，「ちょっと，これ終わってからね，モエちゃんね」とモエが待っていることを気にかけながらも，外へ行かれそうになかった。

　モエは少ししょんぼりしながら一人で庭へ出て行った。つり輪に手でぶら下がって揺れているが，誰から見ても楽しそうではない。そこへ，「遅くなっちゃった。ごめんね」と言ってアキ先生が靴に履き替えて走って来てくれた。とたんにモエの表情が明るくなる。二人は言葉を交わしてはいなかったが，アキ先生はモエの身体を「よいしょっ」と抱き上げ，モエはつり輪の中に1本ずつ脚を通した。アキ先生にゆすってもらうと，つり輪はブランコのように揺れ始めた。モエも自力で漕ぎ，「わーい，バイバーイ」とおどけた声で通りがかりの大きい組の先生に手を振った。

　つり輪の隣にブランコがあり，アキ先生は「せんせい，押して」と呼ばれるので，モエのいるつり輪とブランコの間を行き来するようになった。ちょうどアキ先生がブランコを押している時にミキがやって来て，「せーんせい，モエちゃんみたいにやりたい」とアキ先生の腕をとった。アキ先生は「つり輪がしたいのね」と応じたが，ハヤ太がつり輪に手でぶら下がり，ゆすり始めてしまった。ミキはハヤ太に抗議したものの，トモ子に一緒にブランコをしようと誘われるままブランコへ移動していった。

　ダイ希が上履きのまま庭に出て，アキ先生に視線を送っている。視線に気づいたアキ先生は，少し右足を持ち上げて自分の靴を指さし，目と表情でダイ希に何かを伝える。「行ってらっしゃい」と保育室の方を指さして，自分も保育室の方へ歩き出した。

○●保育者の語り●○　　「せんせい」と「せんせい」の間

　この時わりと，こう，決意して**モエちゃん**のところに行ったというか……**モエちゃん**は，一度言い出したことはやり通すし，なかなか芯が強いんですよね。「やりたい」って言ったら絶対やりたいし，「ほしい」って言ったら絶対ほしいとか，すごく自分の筋を通す人で。だから「待ってる」って言ったら待ってるだろうって思って。少しくらいなら，彼女なら待っていられるっていうのかしら，そういう気持ちは私にあるんです。そこで不安になってメソメソとかはなくて，待ってるだろうなと思ったんです。だから余計に，どっかで一度は必ずちゃんと行ってあげなくちゃって，そういう気持ちがすごくありましたね。

K：モエちゃんは以前にもずいぶん待っていたことがありました。待っているモエちゃんに対して応える先生の気持ちっていうのも，モエちゃんへのとらえが深まって変わってきていますか？

　以前に「ほんとに待たせて悪かったわね」っていうのと，ちょっと意味合いが，自分では違ってる気がしますね。今だって，待たせて悪かったとは，ほんとに思うんですけれども，あの人の待ってる時の様子とかが，なんとなくこう，想像もつくし，少し安心していられるようになってるんですね。

　こういうパターンは結構しょっちゅうあるんです。気にしているけどなかなか行かれないこと。気にしてるんなら，今日の**モエちゃん**みたいに，気にしていることを先にもっと早くやって，それから落ち着いてお部屋のあそびを見た方がよかったのかなあ……なんて，思いました。お部屋の人たちも，先生に気持ちが向いている状態の人たちだったから，別の人が「せんせい」「せんせい」言ってると，余計に先生に意識がいくのもあると思うんですよね。いつも迷いの連続なんです。

K：確かにそう言えるかもしれませんが，現実にはとても先生が簡単に移動できる状況ではありませんでしたよね。

　そう，そうなのよねえ。あの時はそうだった。**モエちゃん**が，もう待っても大丈夫じゃないかと思ったのも，確かにあるし。今どっちとかかわるかっていう時の選び方，ちょっと考えてみたいと思いますね。

○●保育者の語り●○　　受け止めるということ

　保育中には私があんまり意識していなかったことなんですけど，ダイ希くんが「せんせい，ケン太郎くんがテープをあんなことしてるよ」っていう一言があったんです。そう言われたことは憶えてるんです。セロテープを口にべたべた貼ってるっていうのを，言いにきたんですね。私が最近，「テープはこういうふうには使わないのよ」って，やっぱり苦しくなるし，そういう使い方はしないでほしいって何度も何度も繰り返し「それはね？」って伝えてるんです。そのことをダイ希くんがわざわざ私のところへ言いに来たのを，私がわりと他のことをしながら返事をして。「あ，それはそうしないのよね」とサラッと返事をして……後で思うとダイ希くんは，先生がセロテープをそういう使い方はしないでほしいって言っていることを，自分はちゃんとわかって気をつけているんだ，なのにあの子はしているよ，っていう意識があったのかなと思うんですね。

　せっかく私のところへ言いにきたのに，それに対して私は，答えはしたけども，ダイ希くんの気持ちを十分に受け止めていなかったと思って。ダイ希くんは「ぼくはちゃんとわかってるんだよ」「ぼくは気をつけてるんだよ」っていう気持ちがあったんじゃないかと思うんです。「ケン太郎くんを何とかしてください」っていうより，そういう気持ちがあったんじゃないかって。私はそれに対して一言答えてあげればよかったのにって，すごく悔やんだんです。そういうことは結構多いような気がしますね。

　「せんせい，あんなことしてるよ」って他の子どものことを言いに来たときには，事の重大さを伝えてくることもあるし，「せんせい，やめさせてちょうだいよ」って言うこともあるけど，時には「ぼくは私はちゃんとわかってて，やりたいけど我慢してるんだよォ」っていうね？　気持ちも含まれているかもしれない。そういう時のこちらの返事の仕方って，もうちょっとその人が訴えてきたことに合わせて答えてあげたらいいんじゃないかなぁって，すごく思ったんですね。なんかダイちゃんへの私の返事っていうのが，わりと「ぼくは一生懸命言ったのに，せんせいはサラッと答えちゃった」っていう思いがあった

んじゃないかと思って。あの時は意識してなかったんですけど，後になってすごく気になりました。

●●考　察●●　　子ども理解の道のり

「せんせい」「せんせい」とあちらこちらから求められるこの時期の保育者は，実際に多方向へ返答をしながら，一人ひとりの思いに即応することは現実に無理な場合があります。モエは先生とあそびたくてアキ先生が来てくれるまで待つことが，これまでも度々ありました。アキ先生自身が語っているように，初期の頃と6月になった今とでは待たせて悪かったという思いに少し違いがあるようです。今にして思えば4月当初は，待っている子どもの心細さにアキ先生自身も共振し，胸が詰まる思いがあったでしょうし，自分が駆けつけるまで辛抱強く待ってくれるだろうかとアキ先生にも不安がよぎったことでしょう。しかし積み重ねは予想をもたらします。モエの辛抱に共振して胸を痛めていたアキ先生に，今ではモエが待っている姿が予想できるようになりました。「不安になってメソメソとかではなくて，待ってるだろうな」と信じられるようになったのです。その予想と信じる気持ちは，「待っても大丈夫じゃないか」という安定感のある関係性に基づいた予想につながり，さらにアキ先生自身が「少し安心していられるようになった」と語った変化をももたらしています。もちろんアキ先生は，モエならいくら待たせてもよいと考えているわけではないのですが，モエもアキ先生も二人の関係も，少しずつ確実に変化しているのです。

子どもと保育者の間には，目には見えなくとも糸が両者をつないでいると述べたのは津守（1974）でした。見えない糸が保育者の匙加減や関係性の変容で伸び縮みすることも守隨（2015）によって明らかになっています。「せんせい」と求めて待つモエと，何とか状況をやり繰りしてモエのところへ駆けつけるアキ先生の関係が積み重なった結果，モエとアキ先生をつないでいる見えない糸は少し伸びてきました。先生は自分のことを忘れたりせずに必ず待っていれば来てくれるとモエが信じられるようになったことは，先生という一人の他

者への信頼です。先生を信じられるようになれば，この先モエは他の様々な他者と信頼で結ばれる可能性が芽生えます。だからアキ先生は待たせて悪かったと今日も思いながら，モエの信頼に応えるつもりで走ってきたのです。

　ところで，子どもと保育者の間にあるのは，見えない糸に例えられる物理的，心情的な距離だけではありません。田代（2021）は，保育者が子どもの気持ちを「わかった」と感じる一瞬が，長い省察の積み重ねの末に訪れることを詳述しています。しかも長い省察期間に保育者が経験しているのは，理性のはたらきだけでなく，「無になってその子の気持ちを感じ取ろうとする側面」もあり，両者が他方の側面を引き出し合います。アキ先生が待っているモエの気持ちを思って胸が痛む思いをした経験は，モエが何を求めているのか，モエに必要な経験は何かを考える側面を引き出し，考えたことがまた，モエの気持ちを感じ取る土台になっていたと考えられます。そうした積み重ねの結果，この日のアキ先生は，しょんぼりと一人で庭へ出て行ったモエが「待っても大丈夫」と信じられたのではないでしょうか。駆けつけたアキ先生の姿を見たモエは，表情が一気に明るくなりました。おそらくその表情に出会ったアキ先生も笑顔になったことでしょう。先生が来てくれると信じて待ったモエと，信頼に応えたくて駆けつけたアキ先生の間には，自然と笑みが浮かぶような気持ちの重なりが実現されたことになります。信頼は長い道のりを経て構築される関係で，たやすく手に入る物とは性質が違います。

　ダイ希についても，アキ先生は彼がどういう思いで話しかけてきたのだろうと自ら問うていました。幼児期の子どもはその子どもが発することば一つで理解しきれないため，保育の場ではわかったつもりで応答しても，誤解であった可能性は多分にあります。子どもの気持ちをわかりたくてもことばに頼りきれない困難さがあり，だからこそ保育者は繰り返し日々の小さな出来事について省察します。アキ先生がモエやダイ希に，感覚を使い身体で相手の気持ちを感じようとしながらかかわり，あれでよかったのかを保育後に省察し続けるのは，そのためです。保育者が子どもの心に近づきたい，わかりたいと思い続けることは，子ども理解の営みであるばかりか，他者とわかり合いたいという子どもの生き方をも形成するはずです。

事例1–2–4.　輪っかに乗りたい子とつねられた子（4歳児6月）

　登園してまもなく，**ナオ美**がアキ先生の元へ行き，「**ヨウ**につねられた」話をし始めた。**ナオ美**は先生の顔を見上げ，切々と訴えている。**ヨウ**もやってきて，曇った表情で話に加わるが，何も言わない。アキ先生は二人の切実さを感じているようで，背をかがめて聴いているのだが，他の子どもが別の話題を持ちかけるのでなかなか話が進まず，思うように状況が呑み込めない。「ちょっと今お話ししてるから，それ済んでからね」と他児の顔を見て伝え，またすぐに顔を**ヨウ**の方に向け返して「**ナオ**ちゃんに何か……どうしてほしかったの？　**ヨウ**君はどうし……」と問いかけている間に，**ヨウ**が初めて口を開いた。「輪っか，やりたかったの」。

　アキ先生の表情がパッと晴れ，「あ，輪っかをやりたかったの。**ヨウ**君が。"やりたいよー"って言うのに，つねっちゃったわけ？……ああそう。その時**ナオ**ちゃんはどうしてたの？」。ここでまた他の子どもが話しかけてくる。またアキ先生はちょっと待っててね，今大事なお話だからと断って，今度は**ナオ美**の顔に視線を向けた。「**ナオ**ちゃん，じゃあ**ヨウ**君は輪っかから降りてほしかったの？」と**ヨウ**ではなく**ナオ美**に聞く。「**ナオ**ちゃんに"降りて"って言うつもりで足を引っ張っちゃったのかしら。**ナオ**ちゃんに"輪っかから降りて"って言うつもりで引っ張っちゃったのかなあ，ね。じゃあ**ヨウ**君に手で引っ張らないで"降りて"って言ってもらえればよかったねえ。降りてほしいってことだったんだ」と言う。まるでアキ先生自身が考えながら，わかりながら話しているような口ぶりである。

○●保育者の語り●○　　その子にとっての解決

　ナオ美ちゃんがつねられて嫌な思いをしたんですよね。今思うと，この日一

日でこういうパターンが他にもあって。何か嫌なことがあって，そのことを訴えられて。私の対応が，その時はそれでいいような気がしていたんですけれども，保育が終わってから思うと，あれでよかったのかなぁって。というのは，ナオ美ちゃんのすごく嫌だったんだっていう気持ちはよくわかって，「相手は降りてほしかったってことかもしれないわね」って，状況は伝えたんですけれども，それがほんとに，ナオ美ちゃんの気持ちの解決になったのかどうかが……もしかしたらナオ美ちゃんはヨウ君のところへ行って，そこで面と向かって，事をちゃんと終結させたかったとか……ただそういう時に，ほんとにそれをするのがいいかどうか，いつも悩むところなんですね。訴えられたことへの対応っていうのが，自分で，中途半端だったのか，どうなのかっていう思いが。

K：訴えてきた本人にとっては解決できていないのではないか，と？

そう。決着はつけてないんですよね。気持ちはわかったし，状況は「相手にとってはそういうことだったのね」って伝えるまではしてるんですけれどね。たとえば，輪っかを二人でやるとか，方法はありますよね。代わりばんこでする方法もあるし。だけどそういう方法，具体的なことは言ってないし，……そこまでした方がいいのか，しなくていいのか，そのへんがちょっと，迷うところなんですよね。保育中にはこれでいいと思っちゃってたので，この後ナオ美ちゃんがどうだったのか，見届けることもしていなくて。そういうことが，自分の中で抜けちゃってたっていうか。

ああ，そうなんだ。見届けてないんですよね。私が結構いろいろナオ美ちゃんに言って，ナオ美ちゃんがそれで気持ちが治まったのか，それとも言われたことはそのとおりだけど，でもまだ納得していない様子だったのか，そこを見届けてないのが，やっぱり私の課題かなっていう気はしますね。

この時，私，誰か他の人に何かをつくりながら答えてたんですよね。他の人に「これでいいの？」とか言いながらナオ美ちゃんとも話していて。それって，ナオ美ちゃんにはどんなふうに伝わったのかなって思いますね。やりながら，手を動かしながら，口ではナオ美に返事をしてるっていう状況で。ちゃんと聞いて，二つのことを同時にやってるんだけど，気持ちがちゃんと伝わってたのかなぁ。

　現実には，こういうパターンって，多いんですよね。やりながら，こっちに答えて，あっち見ながら，やりながら，向こうを向いて声をかけるとかね。一度に二つのことをやったり，目で外を見ながらしゃべるとかありますよね？そういうことを現実にはやっているんですけれども，こうやってわりと，きちっと何か話す時にはやっぱり一回，ほんの数分か数秒だから手を止めて，ちゃんと答えてあげた方が，やっぱりナオ美ちゃんにはよかったのかなぁ。その場ではそういうつもりではなくて，一生懸命言ったつもりだったんですけど。

　どうだったかなぁ。ナオ美ちゃんは気が済んでなかったかもしれない。

●●考　察●●　　誰にとっての問題か

　子どもが自分のやりたいあそびを選んで取り組んでいるところへ保育者が出向いてかかわる保育では，日々様々な訴えが保育者に持ち込まれます。つくるあそびが思うようにできない，友だちとあそびのイメージが食い違って協働にならない，あそびたい相手が応じてくれないなど，子どもたちにとってそのあそびが真剣であるが故に，起きた問題は子どもにとって悩ましいものです。一人でやっているあそびなら，その子のイメージをわかろうと努め，実現できないところを助けることは援助の方向性としては比較的単純ですが，子ども同士の関係が絡んでいたら，一緒にあそびなさいと言って解決できるような単純な問題でない場合が多いでしょう。ナオ美もヨウも同様に，自分の思いが解決できずにアキ先生を頼っています。アキ先生との日頃の関係性から，先生は困った時に親身になってくれる人であり，助けてもらえる相手として信頼を寄せていることがわかります。しかし一つのあそびをしたい二人の子どもが，どちらも楽しむことができず，二つの文脈が噛み合わず気持ちがこじれているようです。

　庭に設置されているつり輪に，おそらくナオ美はぶら下がっていたのでしょう。そこへヨウがやって来て自分もやろうと思ったけれど，あいにくつり輪はナオ美でふさがっています。ヨウがどのくらい待ったかはわかりませんが，"もう交代して"とナオ美に伝えようとしてとった行為が，ナオ美にとっては"つ

ねられた"ことだったようです。**ヨウ**の手は**ナオ美**の足をつねったのではなく引っ張ったのだろうと，アキ先生は考えました。この時アキ先生は「輪っかから降りてほしかったのか」と，**ヨウ**本人ではなく**ナオ美**に尋ねています。この問いかけは**ナオ美**に，何らかの思いを向けてきた**ヨウ**の意向を考えさせる働きをしています。この時のアキ先生が**ナオ美**に求めたことは，先生に訴えている今の時点で改めて考えてほしいというより，つり輪で揉めたその時に**ヨウ**の気持ちをどう感じ受け止めたのか，当時の感じ方を感覚的に思い出してほしかったのかもしれません。

「つねられた」被害者のように訴えてきた**ナオ美**の言葉からは，何の前触れも文脈もなしにいきなり足をつねった他者がいたように受け取れます。**ナオ美**にとってはそう感じられたかもしれないのですが，そうであってもアキ先生は**ナオ美**に，そばに**ヨウ**がいて，**ナオ美**に何らかの気持ちを向けていたことを，話のスタートとして追体験してほしかったように感じられます。**ヨウ**という他者がそばにいることの認識，自分のあそびを羨ましく思って見つめているまなざしを，本当に感じていなかったのか，そうだとしたらあそび込んでいてわからなかったのか，他者への関心が薄い状態だったせいなのか，アキ先生は**ナオ美**の側からも思索しながら，「**ヨウ**君に手で引っ張らないで"降りて"って言ってもらえればよかった」とも言っています。それもアキ先生は，**ヨウ**本人に向かって「引っ張るのではなくことばで気持ちを伝えることもできた」とは言わず，あくまで**ナオ美**の文脈を再構成しようとしているのです。

またアキ先生は，自分はあれでよいと思って終わらせたけれど，当の**ナオ美**にとってはどうだったかを後で省察しました。語りながら，自分の課題は子どもにとってどうなのかを自ら問い，子どもとの対話から探ること，子どもにとって解決できた終わり方だったのかを見届けることだと意識化したことは，保育の本質にかかわることです。代わりばんこで遊具を使うようルール化したり，ブロックのような分けられる物は半分ずつにすることを子どもに教えるのは容易です。先生の判断がその後のルールになりますから，今後同じ問題は起きにくくなるでしょう。しかしアキ先生は，そうする選択肢が保育者にはあるけれども，「そこまでした方がいいのか，しなくていいのか」迷うところだと語っ

ています。なぜでしょうか。

　きっとアキ先生は翌日以降も「見届けなかったこと」「子どもにとっての問題を自分が終わりにしてしまった」ことを我が身に抱えて保育することでしょう。保育は，わかりやすくその場で解決できることはむしろ少ないのです。その場ですぐに行動を変えさせるよりも，子どもが本心で他者とのよりよい関係を望みながら一つ一つの行為を生み出していくことを願えば尚更，歯切れの悪さを引きずって次の局面や他児とのかかわりに移行せざるを得ないことも多いのです。大事なことは，「あれでよかったか？」を問い続けること，問いを抱えながら保育を続行することなのかもしれません。一つの問題を大事に考え，一人の子どもの思いを反芻し続ける保育者の生き方は，保育者の日々の生活行為の端々に表れ，子どもに自然と“自分は大事にされている”ことが伝わっていきます。自分が大事にされていると感じられる子どもは，他者を大事にするはずです。

ある日のひとこま②（3歳児 10月）

保育室中央で線路を広げ，汽車を走らせている男児と，近くにあるままごとコーナーであそんでいる女児は，どちらも時折，しかめっ面を相手に向ける。汽車の線路がままごとコーナーに抵触しているからだ。通りがかりに気づいた先生は，積木の線路を「ちょっと曲がりますね」と言いながらカーブさせた。「ほーら大丈夫。ちゃーんと考えて，これならぶつからない」と線路を見下ろして先生が言うと，子どもたちも顔を上げて線路のカーブを見，互いに微笑み合った。

［3］　何かに，誰かになろうとするあそび

　子どもが何か，あるいは誰かになりきるあそびはどこの園でも見られます。人が素の自分とは異なる者になったことを表すためには，多くの工夫が必要です。衣装をこしらえて身にまとうこともあれば，手に持ったり身につける装飾品をつくることも考えられます。子どもが自分ではない誰かに「なりたい」と思うことが，イメージを持ち，イメージを実現しようとする熱意と個性的なあそびの始まりになっていきます。子どもが誰かに，何かに「なりたい」に出会える環境は，保育者の創意で構成されます。

事例1－3－1．　赤ずきんちゃん（3歳児10月）

　保育室の机では，**チカ子**が画用紙にクレヨンで絵を描いている。**チカ子**の隣では**スナ子**が，同じ白の画用紙にカラーマジックで絵を描いている。朝の登園から間もないのに，二人とも夢中になって描いている。机の横に**サク子**が立っていて，膝をついたアキ先生が**サク子**の顔に赤いスカーフを巻き，頭巾にして結んだ。アキ先生が「でーきた」と言って**サク子**と目を合わせると，**サク子**も微笑み返して，後方にあるままごとコーナーへ駆けていった。机には，クレヨンやカラーマジックで描くことに熱中している子どもたちの活気が変わらず漂っているが，隣の席に座っている**カコ**は，空き箱を机に載せてぼんやりしている。その空気を動かすように，やってきたのは**マキ**である。**マキ**は迷わず**カコ**のところへ行き，「赤ずきんちゃんしたいの」と言う。赤ずきんのあそびに誘っているというよりは，どうしたらいいかと尋ねているように聞こえる。**カコ**は素っ気なく「**サク子**ちゃんに言ってみたら？」と答えた。

　マキと**カコ**のやりとりが聞こえていた**サク子**は，ままごとコーナーで自分がしているのと同じ赤いスカーフを出して，「これでやればいいんだ」と**マキ**の方へヒラヒラさせながら差し出した。**マキ**は**サク子**のもとへ駆け寄ってスカー

フを受け取りながら，「そっかぁ」と嬉しそうに言う。**マキ**はスカーフを持ってギャロップしながらアキ先生のところへ行き，赤ずきんちゃんのように頭に巻いて結んでもらった。

　数分後，ままごとコーナーにはマットが敷かれ，マットの端にアキ先生が体操すわりをしていた。アキ先生の膝にはままごとの掛布団がかけられている。マットには赤ずきんをかぶった**サク子**と**マキ**の他，**チカ子**と**アミ**も座っている。みんなでアキ先生に『赤ずきん』の話をしてもらっている。話が進んでくると，アキ先生は周囲を見回して「狩人さーん」と呼んだ。隠れていた**マサ男**と**マミ**が，広告でつくった狩人の鉄砲を構えて現れた。

　『赤ずきん』の話が終わると，アキ先生は庭であそんでいる子どもたちの様子を見に外へ出た。後を追って「せんせい」と呼びかけた**マキ**に，アキ先生は振り向いて「ちょっと森へお散歩に行ってきますね。みんな，仲良く暮らしててね」と言い残した。

○●保育者の語り●○　　赤ずきんちゃんのあそび

　サク子ちゃんはほんとに，私の傍からはもう離れて。**マキ**ちゃんも，**チカ子**ちゃんが好きなのか，**チカ子**ちゃんに魅かれてままごとコーナーにいるんですよねぇ。

K：そうでしたか。**サク子**ちゃんは**マキ**ちゃんに魅かれて，かと思ってました。

　お弁当の時とかお帰りの時とかは，「**チカ子**ちゃん，**チカ子**ちゃん」なんですよね。**チカ子**ちゃんにも**マキ**ちゃんにも，だとは思います。あの人たちのあそびに魅かれてるんだと思うんです。

K：そうですね。今日なんかは，赤ずきんちゃんの赤いスカーフをつける時，
　　サク子ちゃんの方がリードするというか，先にやり始めて，**マキ**ちゃんが
　　「私もやりたい」っていうふうでした。

　あ，そうでしたか。あの赤ずきんちゃんのあそびにはこれまでの流れがあっ

て。元々は先々週の土曜日のお誕生会で，先生たちが上演した劇が赤ずきんだっ
たんです。それで，すぐにそれが子どもたちのあそびに出てきたわけじゃなく
て，先週の水曜日，突然「赤ずきんちゃんごっこする」って言われたんですよ。

K：劇の影響だったんですね。

　ええ。自分たちは赤ずきんはいいけれど，オオカミはやりたくないんですね？
それで「オオカミせんせいやって」っていうのと，あと，おばあちゃんが嫌。

K：（笑）

　結局やるのは赤ずきんちゃんしかないんですけど。先生がおばあちゃんやっ
て，オオカミやって。狩人は結構いい役だから，誰かがやってくれるんですけ
ど，おばあちゃんとオオカミはちょっと……。おばあちゃんはよさそうに見え
ますけどね，食べられるのが嫌みたいです。

K：ああ。そうか。

　だからいつも先生がやる。食べられるところと，やっつけるところだけやっ
てるんですよ。あとは全部カット。だから劇をやってるというよりは，そこだ
けの再現なんですね。

K：サク子ちゃんとかマキちゃん，チカ子ちゃんが始めたんですか？

　そうです。そのメンバーで。でもまだ自分たちだけじゃできないし，やらな
いし，まだ劇っていうよりは，赤ずきんちゃんになる，っていう感じですよねぇ。

●●考　察●●　　真似から生まれる劇ごっこ

　子どもたちは，「幼稚園に着いたらあれをしよう」「幼稚園に行けばあの人に
会える」と予想し，期待して朝の道のりを母親と連れ立って歩いてきます。今
日はその期待が**チカ子**たちにとっては赤ずきんちゃんになることでした。なぜ
赤ずきんちゃんが子どもたちのあそびに登場したかといえば，おそらく保育者
が語ったとおり，先生たちが上演してみせた劇の影響であったと思われます。
　子どもたちが観劇したのは，毎月行われるお誕生会で先生たちが上演する音
楽劇です。音楽に合わせて進行する劇は，演者にセリフがないものも多く，音
楽と先生たちの身体表現で劇が進行します。先生たちの熱演は大人でも見応え

があり，劇のストーリーに惹き込まれる魅力があります。子どもたちは最近のお誕生会で赤ずきんちゃんを観劇し，登場人物に今度は自分がなってみたいと思ったのでしょう。

　他者の行為を真似ることで，子どもはあそびの幅を広げることができます（中田，2019）。「あんなことしてる」から，自分なりにやってみることで「こんなふうにもできる」を実現していく道のりを切り開くことができます。真似をすることには2種類あって，一つは行為自体の再現，もう一つは相手の心情まで想像してなりきることだといいます[注1]。赤ずきんちゃんの劇を真似てやってみた子どもたちは，どちらかというと赤ずきんちゃんの動きを再現した前者に当たると思われます。しかも子どもたちは皆，主人公の赤ずきんちゃんになっているのが3歳児の秋の現状で，他にもいろいろある役を友だちと分担して全体を作り上げるというストーリー性への関心はまだ見られません。オオカミは嫌で，とにかく自分が赤ずきんちゃんの役をできれば満足するという，劇ごっことしては初歩段階を生きています。

　子どもたちは，先生がステージの上で上演している赤ずきんの劇を観て，赤ずきんちゃんへの憧れを抱き，その世界に惹き込まれたのでしょう。すでに「赤ずきん」の物語は絵本で知っている子どももいるかもしれませんが，観劇という新しい出会い方が，「赤ずきん」の物語に表現者として入っていくきっかけになったのかもしれません。それで，観客として楽しんだ自分がアキ先生の協力もあって赤い頭巾をかぶり，赤ずきんちゃんになったつもりで振るまってみることで，今度は物語の構成員になったわけです。赤ずきんちゃんの行為を真似た子どもたちは，なりたい自分の姿を体現できただけでなく，他者から見られる側の自分を生き始めています。もちろんこの時はまだ，自分が物語の中を生き始めたことで，別の人が今度は観客として「私」を見つめる未来には気づいていませんが，劇をあそびに取り込んだからには，この先，観客を呼んで見てほしい気持ちも芽生えるに違いありません。観客が見て楽しめる劇にするには，どうしたらよいかを考える時もくるでしょう。

　憧れから真似る行為が生まれ，他者から見られる「私」が始まります。

事例 1－ 3－ 2．　あめやさん（4 歳児 4 月）

　サチ子が保育室中央でお店を開いている。その様子を近くで見ていたヒサ美は，先生のそばに駆け寄り，「先生，お客さん来てくれないの」と訴えた。アキ先生はお店をチラッと見て，保育室内を見渡しながら，「あ，そうなの」と答えた。サチ子は，お店から出て先生のそばに行き，「【あめや】って書いて。【200円】って書いて」と四角に切った紙を差し出す。アキ先生はうんうんとうなずきながら聞いていたが，紙を受け取ると，「サチ子ちゃんね，お店，こっち向きにしてみようか」と言い，サチ子がうなずいていることを目で確認してお店の向きを逆向きに変える。そして，教卓に紙を置いて「じゃあ，【あめやさん】って，【200円】って書くわね？」と二人の顔に微笑み，【あめやさん】と黒のマジックで，その下に赤のマジックで【200円】と書いた。サチ子は微かに微笑みながら受け取った紙を見つめ，それを持ってお店に戻った。

　アキ先生は両ひざに両手を当てて屈むと，「ヒサ美ちゃん，一緒にサチ子ちゃんのところに行ってあそぶ？」と尋ねる。ヒサ美は黙ったままうなずいた。「じゃあ，行ってみようか」とアキ先生がヒサ美の手をとって歩き出した。アキ先生はお店の前で「あめやさーん，ヒサ美ちゃんと私もお店をやりたいんだけど，いーい？」と尋ねる。サチ子は「いいよ」と答えたので，アキ先生がヒサ美とつないでいた手を離すと，ヒサ美はお店の中に入り，サチ子の横に立った。アキ先生はさっき書いた【あめやさん　200円】を手に取ってお店の縁台の前に当て，「看板，ここでいいですか？」と聞いてから看板をセロテープで貼った。

　それから 15 分ほどして，アキ先生が絵を描いているタカ矢とクレヨンの色について談笑しているところへ，ヒサ美がやってきた。お客がお店に来てくれないのだと言う。アキ先生はヒサ美に視線を向け，「買いに来てくれないの？」と返事をするが，またタカ矢とのやりとりに戻ってしまう。タカ矢が再び画用紙にクレヨンを走らせ始めると，アキ先生はお店に出向いた。「ねえサチ子ちゃん，お店屋さんの場所を違うところにお引越ししたら，お客さん来てくれるかもしれない。廊下へ行ってみる？」とアキ先生が言うと，サチ子も乗り気になっ

て「うん」と答えた。アキ先生は「じゃあ，みんなでお引越ししてみましょ。一緒にお手伝いして」と**サチ子**，**ヒサ美**だけでなく，周囲にいて視線を向けていた他の子どもたちにも誘いのことばを向けた。ちょうど庭から戻って何をしようか迷っていたらしい**エイ太**と**マミ**が加わって，アキ先生の「いきますよー」の掛け声でお店の移動が始まった。アキ先生が「通りますよー」と言うと，周囲の子どもたちもあそびの手を止めて，動いていくお店を見る。子どもたちが「よいしょ」「よいしょ」と言いながら力を入れて押している様子に誘われたのか，そろそろアイスクリームづくりが一段落した**マド佳**もお店の側面に手を当てて「よいしょ」とやりだした。

　廊下で「この辺りでどうでしょうね？」とアキ先生が言うと，子どもたちも押す手をとめて廊下を見渡したり，「いいじゃない？」という表情でうなずき合ったりする。園の玄関からまっすぐのびている廊下は，手前に3歳児の保育室が二つ並び，続いて5歳児の保育室が二つ，奥に4歳児の保育室が二つあって，廊下の突き当たりに遊戯室と呼ばれるホールがある。お店は4歳児クラスと5歳児クラスの境目におかれた。廊下の中央に近いので目立つ場所である。**サチ子**があめを持ってきて手早く店先に並べる。アキ先生は「1個ください。いちごはありますか？」とお客に早変わりして，注文をする。あっという間にお店は新装開店した。5歳児がお店を覗きに来ている間に，アキ先生は保育室に戻り，クラスの子どもたちを連れて再びお店にやってきた。お金も手に持っている。「くださーい。いちごのあめ，ありますか？　いちごのあめ食べたいな」とアキ先生が周囲の子どもたちにも聞こえる声で言うと，**ヒサ美**が「並んでください—い。1列に並ばないとあめ玉は買えません」と手をメガホンにして言う。この頃には，さっきまで保育室でままごとをしていた同じクラスの**ヒトミ**，**レイ菜**もあめを買いにやって来た。「200円」と言いながら，**サチ子**は忙しくあめとお金を交換する。ヨリ子先生と手をつないだ3歳女児も二人買いに来て，お店は賑わいをみせている。

　リョウ太があそびに誘いに来たので，「ちょっと先生お部屋にいくね」と言い残し，アキ先生は**リョウ太**と連れ立って保育室を通り抜け，庭に出た。アキ先生は**リョウ太**と園庭でひとしきりあそんで，また廊下に戻ってきた。アキ先

生を見ると**ヒサ美**がお店の中から笑顔を向けた。アキ先生は「あー，お客さんがいっぱい来てくれたのねえ。**ヒサ美**ちゃん，よかったねえ。美味しいのよ，きっと」と嬉しそうに言った。**サチ子**は店台の上に載せたセロテープを切ろうと苦心している。たぶん，傾いた看板を直そうとしているのだろう。テープを下に引くばかりでなかなか切れない。アキ先生が脇に寄り添って，横にねじってみるよう，手の動きを見せながら助言すると，真似して**サチ子**も手をねじり，セロテープはなんとか切れた。でもテープ自体が縦にねじれ，くっつき合って，とても貼れるものではない。それを見せながら**サチ子**はおどけた笑顔を先生に向け，アキ先生も少し笑った。

○●保育者の語り●○　　やろうとしたことが実現できるように

　3歳児入園の子どもが半分，今年4歳児で入園した子どもが半分のクラスで，私は3歳児クラスでは担任でなかったので，みんな担任としてははじめての先生なんです。まだ始まって1週間ですし，今はとにかく子どもたちにとって頼りになる人として出会いたい。やりたいと思ったことをやってほしいし，困った時に「先生がいる」と思ってもらえるような，そういう関係をつけることを一番大事にしているんです。だから，あそびの中味については，こういうふうにしてほしいとは，あまり考えていません。あめやさんも，こういうお店がいいんじゃないかとか，こういうあめをつくったら？　ということより，先生に「紙がほしい」とか「一緒にやって」と伝えられることを肯定的にとらえて，紙がほしいなら紙を用意する。子どもたちが，やろうとしたことができるように応えようとしています。

　「お客さんが来てくれません」って言ってましたよね。最初あんなところ（保育室中央）でやっていたことを，私も知っていたんです。本人がせっかく始めたのだし，私も場所を気にしていなかったんです。でも，あめをつくって，お店に並べて，さあお客さんとなると，やっぱりあの場所はよくない（笑）。「じゃ

あどこでやったらいいかしら？」って言ったら，すぐに**サチ子**ちゃんが「あっちがいい」って。私が廊下を提案したわけではないんです。それでお店を動かしたんです。お店屋さんやったら，お客さん来てくれないとつまらないですよね。だから来てほしいと私も思って，とにかく先生がまず買おうって思いました。

　ちょっと気になったのは，セロハンをどんどん「ちょうだい」「ちょうだい」と言われて，ああいう材料の出し方は，自分でも引っかかっていました。出して渡すことに迷いはあったんですが，今の時期は，使い方や量のことをとやかく言うよりも，とにかく「お店屋さんやってよかった」って思いながら帰ってほしかったから，「足りない」って言われたときは出してあげました。

　やろうとしたことが実現できればいいと，そればかり思っています。その過程で「先生がそれを助けてくれた」というような思いが残ってくれればいいと，今はそんな感じです。

○●保育者の語り●○　　あそびに必要な技術的な指導

　時期にもよるんでしょうけれど，今日はほんとに，セロテープを下に引っ張って切れてなかったんですよ。だから「こうすると，ちょっと曲げると切れるわよ」なんて言ったんですけど。その都度，私が気がついた時にやり方を知っていけば，知らなかった時よりあそびやすくなるし，面白くなるし，いろんなことが「自分でできた」って思えると思うので，気がついた時にはかかわるようにしてますね。

　セロテープの切り方やはさみの使い方は，そのうち全員に伝わるように何かやろうとか，そういうふうには思ってないんです。今日はたまたま，やりにくそうにしているのを見かけたから。長ーい，2年なり3年間の中ではみんなに伝わっていくようにとは思いますけども。

　技術的なことにばっかり気持ちを向けていっちゃうと，子どもがあそんで，せっかく夢中になってるのに，横からね，そういうことばかり気にしている大人が口を出しちゃうと，つまらなくなるから。今日のように本人が苦労してい

れば，もちろん伝えていくってことですね。

　5歳児になっても同じような状態であれば，また違うことを考えるかもしれないですけど，今は技術は後からって思っています。

●●考　察●●　　4歳児の幼稚園生活のはじまり

　あめやさんと**リョウ太**からの誘いは，アキ先生にとって同時に進行した出来事でした。子どもが好きなあそびを見つけて取り組む保育では，様々なあそびが同時に進行していきます。だから，困ったことが起きて先生に相談する子ども，先生とゆっくりあそびたくて誘いにくる子ども，あそびを先生に見にきてほしい子どもが，その子どものタイミングで「せんせい」「せんせい」と来るのです。そのような時保育者は，この子が今何を自分に求めているのかを察知し，この子に必要な経験を考え，その経験が実現されるには今この求めにどのように応じればよいか，瞬時に模索することになります。

　アキ先生は「せんせい」「せんせい」と呼ばれる側を生きていて，三十余名の「せんせい」に応えることは容易ではありません。それでも何とか少しでも一人ひとりの「せんせい」に耳を傾け，聴いてもらえたと子どもが感じられるよう応答を続けています。

　アキ先生は，子どもがまず自分を頼りにし，頼った甲斐のある時間をその子と過ごすことによって，自分に対する信頼を人一般に対する信頼に高め広げてほしいと願っているのです。先生が頼れる大人として居てくれるから，子どもたちはやがて友だちを頼ることができるようになり，友だちから頼られた時に一役かえる人になっていきます。助け合い支え合う人間関係，他者との連携，他者のために自分を動かすこと，それらは一朝一夕に実現されることはありません。いつの日かそうした生き方を子どもたちが選んでくれるよう，今ここでできる限り心を砕く保育者の居方が，子どもたちの未来の生き方に練り込まれて開花する"かもしれない"ということです。「せんせい」「せんせい」は子どもたちにその可能性があることを表しているともいえるでしょう。

事例1−3−3． 人魚になりたい（4歳児5月）

　保育室の机で，ミキとモエ菜が画用紙に人の顔の絵を描いている。モエ菜が思うように描けないらしく，苛立った顔を先生に向けると，アキ先生は「どうしたいの？」と尋ねる。モエ菜は○の中に三角形をきれいに描きたいのだと言う。アキ先生は「さんかくね」と言ってモエ菜からクレヨンを受け取り，モエ菜が描いた○の中に△を描く。「これでどう？」とモエ菜の表情を覗くと，モエ菜は大きく頷いた。「お面にするの？」というアキ先生に答えもしないで，モエ菜は真剣な顔で続きを描き始めている。

　ミキは顔を描き終えると輪郭に沿って切り取り，アキ先生のところへ持っていって，お面にしてもらった。アキ先生は「とてもいいわ」と出来上がったお面を手に持って見つめ，嬉しそうな表情でミキに手渡した。ミキも嬉しそうに受け取って，お面を見つめた。ミキはお面をつけると，先につくってあった人魚のしっぽを腰につけた。人魚のしっぽは，ピンク色に塗って△に切った画用紙を長い紐につけたもので，紐を腰に巻いて結ぶようになっている。これで，ミキは人魚になった。

　それから30分くらい経った頃，アキ先生は保育室内でお絵描きの援助と電車あそびへの参加で大変忙しくしていた。そこへサチ香が「ねえ先生，やって，やって」と飛びついてきた。まだ色付けをしていない，白い人魚のしっぽらしい△の画用紙を持っている。アキ先生は突然のことに目を丸くしながら，サチ香が手に持っているものに視線を走らせ，「あのね，途中まで塗ってみて。先生あとで手伝いに行くから」と穏やかな笑顔で伝えた。サチ香は，まあいいわという顔で机に向かった。アキ先生も机に行くが，人魚のしっぽに色をつけ始めたサチ香ではなく，サチ香の向かい側に座っている男児の背後に立った。

　サチ香の向かい側でお面づくりをしているユウ介に，先生が新しい画用紙を渡しながら「今度は緑にするんだった？　青にするんだった？」と尋ねている。サチ香はピンクのクレヨンで塗りかけの人魚のしっぽを持ち上げて先生に見せながら，先生にも手伝ってもらいたいと頼む。アキ先生はしっぽを受け取って

サチ香の後ろに行き，「これ全部塗るの大変よね。しましまにしようか」と言いながらピンクのクレヨンで塗り始めた。サチ香は「やだ。しましまにしないで」と言い，隣で同じように人魚のしっぽをつくっていたユミも「私も」と言う。アキ先生はピンクのクレヨンで色をつけていきながら，「ユウ介くん，すごいでしょこれ。全部ピンクにするんだって」とユウ介にも見てもらおうとする。

　おおかた塗れたあたりでアキ先生は「人魚さん人魚さん，はい，先生ここまで塗りました。……いいわねえ，みんな海の中が好きなの？」と言いながら立ち上がり，そっと保育室内に目をやった。モルモットのかごの外から，紙でモルモットをつついているノブタカが視界に入った。「あ，先生ちょっと，『モルちゃんに優しくして』って言ってくるわ」と言いおいて，アキ先生は机から離れた。ノブタカに近づくとアキ先生は「こわいよ～って逃げちゃうからね，こわいよ～って逃げないようにね」と穏やかな口調で言い，先生も一緒にモルモットを見始めた。

○●保育者の語り●○　　保育場面から離れて思うこと

　今思うと，最初の一歩は「わかった」って言って少し私がやって見せて，「この後はやってみて。また後で手伝いに来るからね」って，言えばよかったんじゃないかと思うんですね。私は他の人をいつも優先してたのかもしれない。この事例を読んでもそう思うし，Kさんも見ていてそう感じたでしょう？

K：「やってみて」っていうふうにですか？

　そう。

K：確かにあの時はそう感じました。自分でやってごらんって，背中を押している感じ。

　そう。あの時はそうしたんですけど，今思うとね，そうじゃなかったんじゃないかなと思って。サッちゃんはしっかり者，比較的なんでもできる，と思って「任せられる」気がしていたのだと思う。でも，そうじゃなくて本当は我慢

することもあるし，頑張っちゃうこともあって，そういう**サッ**ちゃんが「やって，やって」と本音を言ったら応えてあげて良かったのかなと。むしろ，「甘えていいよ」とか，「やってほしいことあるよね」と受け止めてあげることが大事だったかなと思う。

K：実際のこの時点ではなくて，最初にむしろやってあげる，最初の一歩で応じるっていうことですね。

　そう。最初にやっていれば，**サッ**ちゃんの気持ちは違ったんじゃないか，もっとやったかなと思って。

K：**サッ**ちゃんは，何を求めて「やって，やって，先生やって」だったんでしょうね。

　そこなんですよね。先生に受け止めてほしかったんじゃないかって，そんな気がしてきたんです。先生がしっかり者だと思ってるけど，甘えたい時だってあるみたいな，そんな「やって」だったのかもしれないと思って。

●●考　察●●　　「なりたい」を「なろう」に

　イメージをもってあそんでいる子どもが思うようにできない時，保育者の出番がきます。アキ先生は**モエ菜**が苛立った顔を向けてきた時，「どうしたの？」ではなく「どうしたいの？」と尋ねました。「どうしたの？」であれば子どもに今何をしているのか経緯をわかるように説明することを求めることになります。アキ先生はそうではなくて，白い画用紙をこれからどうしたいのか，**モエ菜**の実現したいイメージをわかりたかったのでした。ちょうど1か月前にアキ先生は「困った時に先生がいると思ってもらいたい」「子どもたちが，やろうとしたことができるように応えようとしている」と語っていました。あれから1か月を経て子どもたちにも変化があり，アキ先生は子どもたちが何かイメージをもってやろうとしている状態に応じています。だから"どうしたの"と状態を聞くのではなく"どうしたいのか"を知ろうとするスタンスに変わってきたのでしょう。

　人魚になりたい女児たちが，人魚になれたと思える状態になるのは容易なこ

とではありません。**ミキ，モエ菜**は何とかして自分のイメージどおりのお面を
つくりたくて，先生に助けてもらいながらつくり上げました。アキ先生が**ミキ**
の人魚の顔を見て「とてもいいわ」としみじみ言ったのは，**ミキ**自身がとても
気に入って満足している気持ちを感じ取り，思わず**ミキ**の気持ちになって表現
したようにも思えます。アキ先生が「とてもいいわ」と言ってくれた人魚の顔
がお面になったのを見て，**ミキ**も"とてもいい"を味わっているような見つめ
方をしていました。

　同じく人魚になりたがっている**サチ香**は，アキ先生に色塗りを「やって」「やっ
て」とはっきりせがんでいます。アキ先生は，とにかく自分でやってみるよう
伝え，後で手伝いにいくと言い添えました。**サチ香**が先の**ミキ**のように，自分
のイメージを実現するために根気強く作業をして，これでいいと思える人魚に
なってもらいたかったのかもしれません。けれども，アキ先生が手伝いに現れ
てからも**サチ香**は，先生にも手伝ってほしいと言い続けています。アキ先生は
全部塗ることは大変だと認めた上で，**サチ香**が飽きずに塗り続けられそうな方
法として，クレヨンの色を替えながら縞模様のしっぽにすることを提案しまし
た。けれど**サチ香**は受け入れません。そこでアキ先生は，手助けしながらもあ
の手この手で**サチ香**の「よし，やろう」という気持ちを喚起するようはたらき
かけを模索しているのがわかります。人魚になりたいのなら，人魚になろうと
してほしいアキ先生の願いがKにも伝わってきました。

　何かになることは容易ではありません。アキ先生は子どもたちの「なりたい」
を「なろう」に転化するよう願ってかかわっていたのだと思われます。誰かに，
何かになろうとするあそびに限らず，「やりたい」を「やろう」に持ち替えて
本当にやってみることが，生きる力そのものだからです。アキ先生の保育は，
何をしたいか，どのように実現しようとするかを考えて子ども自身があそぶこ
とを願って行われています。その道筋で，子どもが自分ではできなくて困った
り，どうすれば実現できるか考えてもわからない時には，アキ先生が助け舟を
出します。「どうしたいの?」は，子どもが主体であることを侵すことなく子
どもの文脈であそびが実現できるよう，協力しようとする保育者のありようを
表しています。それが援助ということです。

※1か月前の語りは，事例 1-3-2 である。
※この事例と同じ月に，アキ先生は事例 3-2-2 で「自分で考えるようになっ
　てほしい」と語っている。

［4］　夢中になってあそぶ

　保育者は，子ども一人ひとりのやりたいことを実現するために細やかな心配り，手伝い，助言を行います。子どもは自分がやりたいこと，実現したいイメージを実現できると"私もやれる"と思えるようになって，次はどんなことをしようかなと思いをめぐらし，やってみようと思うあそびに取り組むようになります。そのようにしてあそびの幅は広がり，子ども自身が実現しようとする内容が濃くなり，あそびの過程で友だちとの協働や仲間意識，友だちとの関係でしか味わえない経験もしていきます。少しずつできることが増えるため，先生を頼る機会は自ずと減っていきます。けれど子どもたちができることが増えて先生を頼ることが少なくなっても，先生は子どもたちが幼稚園を卒業するまで，目には見えない子どもの課題を共に乗り越えようとし続けます。

　子どもの在園期間を通じて課題であり続けることの一つが，他者とのかかわりでしょう。友だちとの協働，仲間意識，対話，いさかいを通じて相手を知る経験は，あそびの中で簡単に成立するわけではなく，関係をとりもつ保育者の援助が必要だからです。子どもたちがやりたいあそびを通じて思いどおりにならないもどかしさをも経験しながら，保育者にそっと助けられて他者との関係を豊かにしていけるのです。

事例1−4−1.　本当の船になった（3歳児7月）

　この組の保育室には，船の形をした木製の遊具がある。これまでずっと，保育室の壁際に置かれてきた。その壁には黒板が掛けてあって，子どもたちが黒板に描く時には船の裏側に回り込まなくてはならない。

　アキ先生はこの船に眼を留めた。黒板に行きやすくするために，船の位置を壁から少し離した。登園から1時間が経った頃，この船には1人の船員が乗り込んでいた。**ハル子**だった。船のすぐ脇，本来なら大海原にあたるところで

は, **オウ太**, **ユウ治**, **マサ男**, **マキ**が線路を組み立て, 汽車を走らせている。

アキ先生が庭から戻ってきた。まず, 立ち止まって**オウ太**たちに「あら, う まくいきました?」と尋ねる。床に寝そべっている**オウ太**, **ユウ治**, **マサ男**は 顔を上げたが, 何か言おうとすると立っていた**マキ**の声が先に出た。「まだー。 うまくいってない!」と不満げな声である。続いてアキ先生は, **ハル子**に「ク ジラはどうだった?」と尋ねた。**ハル子**が「いる」と答えたのを聞き届けて, アキ先生は雑巾を用意して庭への出入口に置いた。池に入って足を水につけた り, その足で砂場へ行ってあそんでいる子どもたちが保育室に入る時使うよう にである。

○●保育者の語り●○　　口をついて出る歌

K:前回伺った時から思っていたんですが, 船が壁際から前に出たんですね。 これまでずっと, この船はどう使われているんだろうと思ってたんです。 だから, なんかすごい画期的な気がして。船の出現でどうなるか, 今後が 楽しみです。

あの船は, 前からこの組にある物なんですけど, 動いたのを見たことない?
K:ないですね。

本当? 動かした理由はね, 後ろの黒板でみんなチョークで絵を描いてるか ら。だったら, ね?って思って, ちょっと動かして。でもあんまり刺激的にお 部屋のど真ん中に持ってくるのもね, 変な場所にあると突っかかるし。それで 一応, 描きたい人が通れるようにと思って, ちょっとずらしたんですね。そし たらね, 魚つりごっこっていうのを, やっぱりやったんですよね。だから今は, 割といつも出てる状態。ちょっと位置が中途半端なんですけど。
K:そうですか?

でもね, 場所はいろいろ考えたんだけど, なかなか思うようにならなくて。
K:大きいですからねぇ。

　そうなの。でもちょっとずらしただけでも，違うかしら。

K：違いますよ。

　うん。今日もお船になってましたでしょ？

K：なってました。ハル子ちゃん。クジラを捕ってたんですか。

　そう。ハル子ちゃんは「クジラ捕りに行こ」ってしきりに言ってて。先週は釣り竿つくって，ほんとにやったんです。それで，すごいタイミングで，もうそろそろお魚の歌を歌いたいって私が思ってたんですね？　それでちょうど，そのクジラ捕りした時に，「魚の歌っていうのがあるから」って言って，歌ったんです。

K：すごーい。なんか……いい感じ。どんどん水辺になっていく感じ。

　すごいいい流れになって，今日も帰る時ちょっと，口ずさんでましたでしょ？自然に。私がもうさよなら言ってる時に。♪赤，青……♪あれが魚の歌なんです。

K：ああ，それであの歌……。やっぱり，黒板前にはまり込んでいると船に見えないですもんね。

　見えないですよねぇ。チョークも描きづらいし。なんか，なんであれがあるのか……あるのに生かされてない気がずっとしていたから，生かさなくちゃと思ったんです。

K：そうですえ。今日ね，片づけの前くらいにユウくんが「乗ってくださーい」って誘ってくれたんです。他の人たちはなんとなくあそびはおしまい，みたいな雰囲気で動きもそんなふうで，たぶん周りに適当な人が誰もいなかったんでしょうね。私は見た場面をビヤーッとメモに書いている時だったので，「じゃぁちょっと座らせていただくわね」って座りはしたんですが，船の中でまだ書き続けちゃって。ちっとも乗客にならなかった（笑）。もっと本気で乗客として座ればよかった。

　そうでしたか。

K：その後で，やっぱり船なんだなと思って。

　うん，そう。そうなの。ほんとの船になれた。

●●考　察●●　　環境が生み出すあそび，あそびが創り出す環境

　アキ先生は，保育室の隅の壁際にある木製の大きな船を壁から少し離して置き直しました。最もわかりやすい意味での環境の再構成といえます。これまでこの船は，子どもたちの生活に"船"としてはあまり登場してきませんでした。黒板をふさいでいる家具のような存在であったのかもしれません。アキ先生が船の位置を変えたのは，黒板に描きたい子どもが立ちやすくするためで，実際に子どもたちは大きな家具の後ろに回りこむことなく，思い立った時にスッと黒板の前に立って描けるようになりました。アキ先生は黒板を使いたい子どもがいるので，動線を整えたわけです。その結果，船は本当に船として新たな意味をもって子どもたちの生活に現れることになりました。保育者の再構成した環境が，子どものイメージを喚起し，新しいあそびが始まることがあるのです。

　船の周りはクジラが悠々と泳ぐ海に変わり，船に乗って魚釣りが始まりました。再構成された環境が引き出した子どものイメージが動き出し，小道具づくりも始まりました。イメージに現実の環境を近づけようとするあそびは，子どもにも創造力をもたらすことがわかります。必要な物を創り出す作業は，子どもを，思うようにできないもどかしさによって試行錯誤と協働に導いていきます。

　この場面では，保育者によってあそびの中に歌も持ち込まれました。♪魚の歌♪は魚釣りのあそびが終わってからも子どもたちの生活に根づいていて，歌そのものがこの組の環境になったかのようです。子どものイメージに発し，子どもの意思によって展開するあそびは，保育者の構成する環境に刺激を受けて膨らみ，あそびがさらに環境を創り出す可能性を持っています。こうしたあそびは子どもたちの学びの経験に満ちていることも見逃せませんが，一つずつ学びの内容を取り出して分析しながら解説するのが惜しいほど，あそび全体に創造の魅力が詰まっていました。

事例1－4－2．　人の姿絵（4歳児6月）

　ケン太郎が保育室の机で人の絵を描いている。顔の造作を描いては，クレヨンを机に置いて少しの間見入り，髪の毛を描いては見入り，少しずつ描き進めていく。見入った時，かすかに微笑むこともある。

○●保育者の語り●○　　魅力ある4歳児のあそび

　ケン太郎くんのやっていることなんですけどね。私，今日いいなと思ったことがあります。朝きて電車のレールを繋いで，積み木でトンネルのようなものをいっぱいつくって，「駅が足りない」って言われたんです。もっと欲しかったらしくて。それで，何か他の物でつくれないかしらと思って，私が空き箱で「こういうのはどう？」って聞いたら，「いい，いい，それがいい」って言ってすぐにつくったんです。自分でちょうどいい具合に箱を重ねて。それで「お母さんと子どもがいる」って言いだして，そしてあの絵を描いたわけです。人の形に「切ってちょうだい」「切ってちょうだい」と言われて私が切ったのを，自分で貼ろうとしてました。

　自分でこうしたいっていうのが，はっきりしてきてますよね。私が「こういうのはどーう？」って提案するのも，受け入れられるものは受け入れるし，嫌な時はこの人「それはやだ」って言うんです。私に「つくって」って言うことはありますけど，この人のは「お客さんつくって」じゃなくて，「お客さんつくんなくちゃ」っていう感じなんです。そのために「紙ちょうだい」って来るんです。自分のイメージしてることを自分なりにやって，それで満足してるんです。そこがすごく，いいなあと思う。

　今日一日がずっと，このあそびでつながっていて，ちゃんと自分のやりたいことをやり通したんですね。そのへんが，今日の彼はよかったなと思うんです。

必要な時は「せんせい，どこ？」って探してきてくれるし。ケンちゃんはこの頃すごく，広がったって言うんでしょうかねえ。一人だけであそんでるわけではないし，かといって誰かとあそんでいても自分のやりたいことははっきりとあって，ケンちゃんなりのレベルで楽しんでることが結構あるんですね。そういうところ，とても今いいなあと思ってるんです。

　最後には電車までつくって帰ったんですよ。牛乳パックをつないだところに，一生懸命そのへんにある紙を丸めて，「せんせい，タイヤができない」「タイヤができない」って言ってたんです。それは私に聞こえていて私も「そうね」なんて言ってはいたんですけど，外にいたからそれ以上言えなくて。「そうねえ，どうしようかしら」なんて言いながら，お部屋には入れていなかったんですね。そしてら，自分で何かくっつけてタイヤにしたみたい。私がお部屋に戻ったら，タイヤがついてたんです。それもね，一人じゃなくて，仲良しの**ユウ介**くんと二人で。二人で一つの電車にしたんじゃなくて，**ユウ介**くんは**ユウ介**くんの牛乳パックの電車で，ケンちゃんはケンちゃんの牛乳パックの電車っていうのを，二人で黙々とつくってたんですね。どうしてもうまく付けられない時には「せんせい，ちょっとここが付かない」なんていうのは，ちゃんと助けを求めてくるんですけど，**ユウ介**くんとやりとりしながら，あそびに使う物をそうやってつくっていたんです。

　自分であそびを見つけてやっているっていうのが，４歳児の，このぐらいの時にね，こういうふうにあそんでいるのはいいなあと，今日ほんとに思いましたね。なかなかみんながみんな，いつもそういうふうにはいきませんけど，一日のうちで短時間でも，そういうふうに過ごせる子どもたちが増えていったらいいなあと思うんです。

●●考　察●●　　あそびへの思い入れから始まる育ち

　観察者であるＫが**ケン太郎**を見ていたのは，お絵描きをしていたほんの短い時間だけです。たったこれだけの観察記録の記述から，アキ先生は今日一日の**ケン太郎**のあそびを語りました。アキ先生の語りは，保育者が語る子ども理

解として本当に生き生きしています。数多くの子どもと真剣に楽しくかかわり
ながら，一人ひとりを細やかにみているアキ先生の眼差しが感じられる語りで
す。保育者が生き生きと語る時，たいていそれは自分の眼に魅力的に映った子
どもの姿なので，その保育者が子どもに何を願っているかが反映します。

　ケン太郎は電車を走らせていて，保育室に用意されている既成の線路では不
足になり，積み木でトンネルまではつくれたものの，駅もないと物足りなくな
りました。既成の駅はあるけれど，それだけでは足りないくらい**ケン太郎**の線
路は充実してきたということでしょう。アキ先生のアドバイスを受け入れなが
ら空き箱で駅をつくり，Ｋが観察したお母さんと子どもの絵を描いて先生に切
り抜いてもらったというわけです。**ケン太郎**が母親と電車に乗った経験を，あ
そびに重ねてつくり上げていったのでしょうか。どんどん広がっていくイメー
ジに手と構成力がついていくようになった 4 歳児のあそびは，頼もしく感じ
られます。

　ケン太郎は**ユウ介**と一緒に牛乳パックを使って電車まで加え，黙々とつくっ
ては，できないところをアキ先生に助けを求めたようです。**ケン太郎**の電車あ
そびへの思い入れは，幼稚園の保育方針やアキ先生という環境が後押しして
いるから形になったことがわかります。**ケン太郎**の今日一日のあそび込んだ園生
活が，アキ先生に「いいなあ」と思えたのは，今日の**ケン太郎**が，やがてあそ
びで得た育ちと力で自尊感情を高められるからであり，いつか他者を尊重する
心に育つと思ったからでしょう。やりたいあそびを見つけて，黙々と構成する
こと，やってみてできないことは先生に助けを求めること，こうした園生活で
あってほしいというアキ先生の願いが伝わってきます。またその願いの中には，
子どもが困った時に助けを求めてくれるような保育者でありたい，「せんせい」
と言ってきてくれる関係性を築きたいという，自身の保育課題も内包されてい
ます。だからアキ先生の語りには，そういう居方ができたのか？と自問する語
りも少なくありません。保育者が子どもに何かを願う時，子どもだけに変化を
要求しているのではなく，願いの裏側で保育者自身が保育課題を引き受けるこ
とになります。子どもの課題は保育の質との関係で表れ，保育の質によって乗
り越えるものといえるでしょう。

［5］ 一日の終わり

　朝から自分のやりたいあそびを見つけて取り組む保育時間を過ごし，一日の園生活がもうじき終わることを知ると，子どもたちは心地よい疲れややり残したことを胸に抱いて保育室に集まってきます。また，先生と共にクラスの皆で一日を終える円座に着く時，どこに座るか，誰と隣り合っていたいか，それぞれの思いやこだわりが葛藤することもあります。

　今日一日あそんでよかったと思える終わり方，また明日ここで友だちに会おうと思える終わり方は，保育者の環境構成や保育技術の中でも一見して力量が表れるひとときとなります。

事例1−5−1． そろそろおしまい（3歳児5月）

　マミが机でこしらえたご馳走を，アキ先生に「とっておいたよ」と見せる。先生は机に置かれたご馳走に気づいて「あ，おいしそーう」と吸い込まれるように身をかがめて見る。アキ先生は「ほらこれ」と一つを手に取ると，マミの顔を見ながら口に入れて食べる格好をした。カコがマミとアキ先生のやりとりを，立ってじっと見ている。アキ先生が背を伸ばすと，マミは「ねぇもうお帰りなの？」と先生の顔を見上げて尋ねる。アキ先生は「そうね，そろそろごちそうさまして？食べ終わった？」と笑顔で答えた。

　先生は一言も片づけようと言っていないのに，ちょうど庭の砂場から手足にたくさん土をつけてサキが保育室に戻ってきた。先生はサキをテラスで待たせ，その間に手早く砂場の玩具を片づけると，足早にサキの元へ戻って手足を丁寧に洗い上げた。一息つく間もなく先生は保育室に入り，にこにこ顔で保育室中を見回した。同じ空間でいくつもの世界が動いている。アキ先生がお店で切符を切っているアミの頭に手をそっと置いて，「切符はそろそろおしまいなのよ」と伝えたりしていると，出していた物を片づけようとする動きが出てきた。誰

彼となくあそびを収束に向かわせる。足元に板を敷いて人形あそびをしていた**カコ**は人形を棚に連れていって座らせ，板を持ち上げて運び始めた。アキ先生が**カコ**に「まぁ偉いのねぇ。そこにね」と指さした壁に，**カコ**は板を立てかけた。

マサ男と**ユウ**は床のカーペットを巻き始めた。この2人はカーペットの上で映画館をやっていた。アキ先生は忙しく床のおもちゃを片づけながら，誰にともなく「あー，**マサ男**くんたちと一緒にできるかなぁ。クルクルってできるかなぁ」と言う。それを聞きつけた男児2人がやってきて，一緒にカーペットを巻き始めた。カーペットは巻き上がったが，両端から巻いたので双眼鏡のような格好に仕上がった。それを4人で持ち上げ，運んでいると，「まぁ。ステキに竹の子みたいになったねぇ」とアキ先生の笑いの混じった声が届いた。ところで，**マサ男**と**ユウ**がカーペットを片づけたのは，実は帰り支度のつもりではなかった。観客だったKが「楽しかったわ，ありがとう。もうお片づけなのね」と言うと，にっこり笑いながら内緒話をしに右手をKの耳元に付けてきた。「あのね，何で終わりかっていうとね，お外にあそびに行くから」。そしてKが絶句している数秒の間に，2人は園庭に駆け出していってしまった。

あそびを終える方向に動き出した空気を察知して，**アミ**は慌てた。机にすっ飛んで行くと，手に取りやすい位置に置かれていたオレンジのクレヨンを持ち，立ったまま，そこに置かれてあった画用紙になぐり描きを始めた。たまたまそこに座っていたKに「大変。何もつくってないから急いでつくる」と目も向けず手を動かしながら言う。Kが「でもお外でたくさんあそんでたから，いいじゃない？」と応えるが，「ダメよ。お母さんに見せなくちゃいけないから……ええと……セロテープ」と，せわしない。

アミの奮闘は，画用紙に青，黄，緑の折り紙を適当に折ったものを無造作に貼り付け，そこにオレンジのクレヨンでなぐり描いた作品を生み出した。慌ててやるのでセロテープがきれいに切れず，よれてぐちゃぐちゃになったまま画用紙に押し当てられたようになっている。**アミ**はその上から3度もセロテープを貼りこめて，ようやく何度か折り曲げた黄色の折り紙を画用紙に固定したのであった。やっと画用紙いっぱいの"作品"らしいものになったからか，**アミ**は息をついて立った姿勢で作品を見下ろした。気持ちにゆとりが出たので，

近くの床に散らばったままごと道具を集めているアキ先生の視線にも気づいた。「先生，まだ何にもつくってないから，つくってんの」と床に膝をついているアキ先生に向かって説明する。アキ先生はちょっと驚いたようなまん丸く見開いた目を向けて，「あ，そうなの」と言い，立ち上がって**アミ**の方へやってきた。

○●保育者の語り●○　　あそびが続いていくことと片づけ

　今日は，いつもこんな感じなんですけどね。なんかまだ，一人あそびもよくできない人がいっぱいいる感じがして。だからほんとに他愛ないんですけど，どんなあそびでもいいから，その人がやったことがなんとか続けばいいなと思うんだけど。それも続かなくてねぇ。

　マサ男くんもねぇ，あの人もあんな感じだし。

K：おむつしているのが**マサ男**くんですね？

　はい。……うんちしてました，いっぱい（笑）。でもあの人はね，あんな（おむつをしている）なんだけれども，なんにもしないでボーッとしてるってことはないんですよね。なーんかしら自分で動いてはいるんですよねぇ。

K：ほーう。一人で？

　うん。今日も一回外に出ていって，まずお皿にお水入れて来たのかな？　それでその後机で紙をつなげて。あれ（窓際に色紙をつなげたものを吊るしてある）。これを覚えたんですよね，**マサ男**くん。これは他の人もやってたんですけど，紙をつなぐってことを知ったので，あの人も今日少しつないで。そしたらそれにお庭で葉っぱを見つけたのを並べてみたりとか，

K：へーえ

　なんかほんとに他愛ないんですけどねぇ，やってるんですよねぇ。長続きはほとんどしないんですけどねぇ。

K：ええ。ふうん。それがどんなふうにして，長くあそび込むようになってい

60

くんでしょうねぇ。

　そうなんですよね。結構まだ，ほんとに一人っていう人が多いんですよ。私いいと思うんですけどね？　片づけなんかは，このクラス，私が1か月でそうしちゃったのかもしれないけれど，片づけということが生活の中に入ってない。（笑）だから，これから，ゼロからのスタートって気がして。ほんとに生活の中に入ってないの，みーんな。ぜーんぜん。あそびが終わったら「帰る」って。でも中には一人二人，片づけの時にやってくれる人っているでしょ？　大抵クラスに数人，やる人っているでしょう。

K：ええ。いますね。

　あれがいない。女の子もね，**カコ**ちゃんみたいな人がやるのかなと思ったら，「私やだ。やらない。いらない」ってこんなんです。誰もいないの。最初の頃は片づけてた人が片づけなくなっちゃうっていうのは，よくありますよね。

K：ええ。

　そうじゃない。最初から。嫌だっていうんじゃなくて，全然その気がない。それだけで，私の課題としてどうやってこの人たちに，生活の中に片づけを位置づけていくかと思ってます。私が「これ入れて〜」なんて言うと，数人はやってくれるんですよ？　でも「それじゃぁもう片づけましょう」なんて言った時に，どうしようかなとか，じゃぁやろうかなっていう人が，いない。

K：そういえば，帰るんだと思って椅子のところに来て，座りますね。

　そう。ダーーーでしょ？　私が最初の頃に，あそびが終わったら椅子に座って，それで帰るっていうのを結構しっかりやって，それを身体で覚えた人たちなので。でもね？　あんまり片づけでキリキリすると，余計やらなくなっちゃうからと思って，私もちょっと気長にやるつもりなんです。

K：アミちゃんが，「まだなんにもつくってないから」って，バーッとつくり出しましたね。

　やってましたね。

K：私にそれを言ったので，「お外でいっぱいあそんだから，よかったじゃない？」って言ったんですけど，「そうはいかない。ママに持ってって見せなきゃいけない」って。

あ，ほんと？　そう言ってました？

K：はっきり。「もうなんでもいいから」って感じでした。

　私はとやかく言ってないのに，「せんせい，まだできあがってない」とか「もうちょっとでできるから終わるまで」って言っていて，私は「ああ，いいわよ」って言ってたんですね。それでできたら「せんせい，袋に入れて」「袋に入れて」って言われて，入れてあげたのね。あ，そーう。ちょっと気にしてみます。お母さんに期待されてるのか，あの人が期待されてると思い込んでるのか。様子みてみます。よかった，そのことわかって。

●●考　察●●　　あそびも片づけも長期の保育課題

　入園して1か月の3歳児クラスでは，あそびといってもまとまりやテーマ性のあるあそびが展開するわけではなく，園内の探索や家庭とは異なる玩具を試すように使う行為の連続も多く見られます。先生に誘われて目新しいあそびに入っていくような過ごし方がまだ続いています。アキ先生もそのような子どもたちの様子を「一人あそびもよくできない人がいっぱいいる感じ」と語りました。やってみたあそびが続くよう援助に忙しい日々を過ごしているアキ先生ですが，現状ではまだ「それも続かなくて」というのが3歳児の春らしさを感じさせます。しかしアキ先生の眼差しは子どもたちの現状を否定的にとらえてはいるわけではありません。「他愛ない」あそびでも，とにかく子どもたちは自分であそびを見つけてやっています。長続きしないけれど，友だちと一緒にあそぶこともまだ少ないけれど，この新しい環境の中であそんで過ごしていることを，前向きにとらえているのです。

　あそびの時間が終わり，あとは片づけて帰るという流れを感じとっても，子どもたちは誰も片づける行為をしようとしません。入園当初は先生が片づけようと言えば片づけをしていた子どもが，夢中になれるあそびに出会うようになる時期に片づけをしなくなることは往々にして見られる変容ですが，このクラスの子どもたちが片づけようとしないのは理由が少し違うようだとアキ先生はとらえています。このクラスの子どもたちは片づける行為を拒否しているので

はなく，最初から「全然その気がない」というのです。それは子どもたちが入園したての時期に，アキ先生があそびが終わったら皆で椅子に座って集まり帰ることを子どもたちにわかってもらおうと，椅子に誘導してきた経緯も影響しているようです。確かに子どもたちは"もうあそびは終わりにして帰るのだ"と思うと，並べられた椅子に集まってきます。彼らにとってはあそびの終わりは帰ることであって，あそんだ後片づける行為が意識に根づいていないのでしょう。

けれども片づけが「生活の中に入ってない」ことに気づいて保育の課題として意識しているにもかかわらず，アキ先生はすぐに改善すべき深刻な問題ととらえていません。「気長にやるつもり」だからです。生活しながら生活行為を自らの必要感で行うようになるという子どもの変化は，一朝一夕では起こりません。大人に「片づけなさい」と言われて従ううちに習慣化するのではなく，生活の中に片づける行為が位置づいていくよう，アキ先生は今後も不断のはたらきかけを工夫していくことでしょう。行為を正してその場を収めることよりも，時間はかかっても行為の源である感覚や意識，判断力を醸成し，その結果として生活を形成していく保育だからです[注2]。

事例1-5-2.　おかえりの時間（3歳児5月）

10時43分。子どもたちが三々五々，保育室の園庭側の隅っこに椅子を持ち寄ってきた。椅子を運んでこなかった子どもも，気づいて座りにくる。子どもたちが並べた椅子はスクール形式で，まっすぐではないが2列に並んだ。アキ先生が椅子の列の正面に現れた。ゴミ箱を持っている。座っている子どもたちに向かって，アキ先生は「ここに"みーつけた"して」と言う。7人の子どもたちがおのおの足元の紙切れを拾って，ゴミ箱に入れにいった。アキ先生は笑顔でうなずきながら「そうそう。"みーつけた"って」と言いながらゴミ箱を子どもが入れやすいように差し出す。

突然，椅子の列から女児の泣き声が上がった。**マコ**が泣きじゃくりながら前

にいるアキ先生のところへ歩いていく。先生は手を差し伸べて**マコ**を迎え、「どうしたの？」と尋ねた。どうやら**トモ貴**が、先生用の黒い椅子に座っていた**マコ**をどかして自分が黒い椅子に座ったようで、**マコ**の話を聞いてアキ先生が椅子の列に目を馳せると、黒い椅子に**トモ貴**がすまして座っているのが見えた。アキ先生はゴミ箱を床に置いて**トモ貴**のところへ出向いた。**トモ貴**の右脇にしゃがみ、横目でチラッと**トモ貴**の顔を見てから静かな声で「トモちゃん、ここ座りたかったんだ」と語りかける。**トモ貴**は黙ったままコクンとうなずいた。アキ先生は前を向いたまま「でもそこには**マコ**ちゃんが座ってたんだ」と続け、返事がこないのでもう一度横目で**トモ貴**の顔をちらりと見た。**トモ貴**は何も言わないままだが、どうも表情はアキ先生の言っていることを肯定しているようである。アキ先生はわずかに顔を**トモ貴**の方へ向けて続ける。「それで、『座らせて』って言ったら**マコ**ちゃん、『いいよ』って言ってた？『ダメ』って言ってた？」そう尋ねてアキ先生がはっきりと**トモ貴**の顔を見たけれど、やはり**トモ貴**は返事をしなかった。アキ先生は「『ダメ』って言ってた？……そしたらね、ダメって言った時は、よした方がいいよ？」と言って、左手を差し出して**トモ貴**の右手をとって立たせた。**トモ貴**はすんなりと立ち上がり、先生の手の加減で自然とアキ先生と向かい合った。アキ先生は**トモ貴**の顔を柔らかい表情で見つめながら言う。「今度また、『いいよ』って言った時に座ろうよ」。

　トモ貴はさっきから口角を上げた穏やかな表情を変えていない。アキ先生にはとうとう答えないまま、**トモ貴**は静かに別の椅子へ移った。いつのまにか先生のそばに来てまだ泣いている**マコ**を黒い椅子に座らせて、先生は「マコちゃん、この黒いお椅子はね、先生が座るんだ」と伝えると**マコ**を立たせて椅子を脇によけた。そして、**マコ**を別の子ども用の椅子に座らせた。

　10時51分。アキ先生が、2列に並べられた椅子に座っている子どもたちと向かい合う形で立ち、「お座りして先生のお顔見えるかな。あ、**ショウ**ちゃん見えそうだ。**ショウ**ちゃん見えそうだ」と見回した。上履きをきちんと履けていない前列のタケルの足に気づいて、身体を丸め込むようにして上履きを履かせながら「こっち見てくださーい」と少し声を高くした。

　アキ先生が帽子とカバンを一人ひとりに手渡していく。帽子に書かれた名前

を探しながら「これは誰のかなぁ」と言うと，ノリ浩が「はいっ」と折り目正しく手を挙げた。アキ先生は「あ，みんなよく覚えてるなぁ」と感心した様子で帽子をノリ浩の頭にかぶせる。それからアキ先生は子どもたちの前には戻らず，ままごとコーナーへ移動して「みんなの忘れ物はないんだけどねぇ」と話を続ける。「アミちゃん聞こえる？」とアミの顔を覗くように身を乗り出す。アミはカバンの中味をいじっていたが，顔を上げて先生と目を合わせる。先生はままごとの食物をテーブルの上から持ち上げて見せ，「迷子がいっぱいなの。迷子のごちそう」。続いて炊飯器を見せて「それからこれも迷子。返してあげなくちゃねぇ」と言った。すかさず何人かが立ち上がってままごとコーナーに駆け寄り，棚へ片づけた。

　ようやくアキ先生が子どもたちの前に戻って，先生の黒い椅子に座った。「明日はみんな，美味しいもの食べるって知ってた？」そう尋ねられて子どもたちが口々に「おべんとう！」と答える。それから，アキ先生はお弁当箱の手あそびをした。半分くらいの子どもは先生の真似をし，もう半分の子どもたちは顔で拍子をとったりしながら見ていた。何人かは周囲の子どもを見回していた。終わるとアキ先生は「明日はみんな，お弁当忘れないでね」と言い，「これ知ってる？　赤くて……（ここで立ち上がり寄ってきたショウを「後で」と小声で押し返し，）小っちゃくて」と野菜クイズを出した。「にんじん」と正解が出たところで「じゃ，もう一回つくってみよう。一番美味しいお弁当」と誘い，再度お弁当箱の手あそびをした。今度は皆の声が出て，視線がアキ先生に集まり，あそびながら子どもたちの気持ちが合わさった。

　お弁当箱の手あそび終えるとそのままアキ先生が「いただきまーす」と食べる真似をする。子どもたちも「もぐもぐ」言ったりして食べている。その様子を眺めながら先生は「いただきますの時は手おひざよ」と笑い声を届ける。ひとしきり食べると「じゃ，ごちそうさまします。ごちそうさまー。じゃ，小っちゃい赤ちゃんの声でさよならします」と続け，アキ先生は♪さよならあんころもち　またきなこ♪を歌い出した。子どもたちも嬉しそうな顔で小声の歌を歌う。「じゃ，今度は子どもの声でします」♪さよならあんころもち　またきなこ♪「さようなら。あ，大事なこと忘れてた。明日お弁当持ってきたら，置くところが

決まってるんだけど，まだ教えてあげてなかったでしょ？　ここに（個人棚の前に移動して）名前が書いてあるの。あ，ここが私の名前だなと思ったら，ここにこうして（カバンを一つ置いてみせる）ね？　明日の朝，名前を探してね」。

　先生が廊下への出入口を背にして立ち，「こっちー」と両手を前に伸ばすと，子どもたちは立ち上がって先生の前に列になり，玄関に向けて先生の後からそろりそろりと歩いていく。

○●保育者の語り●○　　大事なことがたくさんある（保育から１年後の語り）

　これね，3歳児の5月でしょう？

K：はい。

　みんなが少し生活に慣れてきたところだから，おかえりの時間って，あんまり落ち着かない。悪い意味じゃなくって，それぞれの思いがあるから落ち着かない時期ではあるんです。ただ，一日の終わりに唯一みんなが顔を合わせられる時。そういう時間なんですよね，ここは。それで今こうして記録を読み返してみると，ずいぶん長い時間だったように思うんです。実際にも長かったのか……やることがいっぱいあって長かったんだろうけど，結構私はいろんなことを伝えたいしやらなければならないし，おかえりの支度はしなくちゃいけないし，片づけが残っていることも放っておくわけにはいかないと思う私，そうだお弁当の話もしたいとか，すごくいろいろあって。3歳児の5月と思うと，……こういうこと，あり得るわけですけども，長かったかなぁと思いました。

　でも担任としては，せっかくみんなが揃った時間だから，ここは大事にしなきゃって思って，片づけもやらないまま帰りたくないし，明日のことも「お弁当だよ」だけで終わらせなくって，「楽しみにしててね」っていうのも言いたいし，「明日お弁当持ってきたらここに置くんだよ」っていうのも言わなきゃいけないし。そう思ってた日，なんですね。

K：ふーん。はい。

　それで座る場所のことでいろいろあって，こういうことは5月のこの頃とてもよくあるんですけど，これも私はやっぱり大事だと思ってるから，いけないとか，いいとか，正しいとか，そういうことじゃなくって，「こういうことはあるんだけどね，でもこういう時はこうしようよ」っていう形で伝えたかったんですね。そういうことも，大事にしたいと思っていたんです。だから時間もかかっちゃうわけで。「あなた今日は，ダメだって言われたからこっちの椅子にしなさい」ってスパンと終わるんじゃなくって，「あなたが悪い」にもしたくなくて。あれもやりたい，これもやりたいっていう時間でした（笑）。

K：ははは（笑）。でもその時に先生が大事だからって，取りこぼさなかったことが，じっくり着実に少しずつ育っていく中味になるんですよね。

　無理やり座っちゃった子を悪い人にしたくない。

K：悪者を決めると，それで終わっちゃいますものね。

　やってはいけないことをしている，みたいになっちゃう。まぁ，そうかもしれないんだけども。

K：「そういうことはある。そういう時はこうしようよ」と「あなたが悪い。やってはいけないことだったのだから」って，どう違うんでしょうねぇ？

　ほんと。どう違うんでしょうね。

K：でも全然ちがうんですよねぇ。先生は裁判みたいにしてない。

　裁くみたいな，まぁ調整したり解決しようとはしてるんだけども，正しい，正しくないっていう単純な判断じゃないし，ルールにはしたくない。「今度にしたら？」「いいよって言った時に座ろう？」って。約束事ですよ，っていうんじゃない示し方……かしら。

K：はい。「ここに座りたいって思ってもいいんだよ」っていうのがあって，「ただ，今は無理だったね」っていう，状況の話なんですよね。

　そうそう。座れる時もあるよ，っていうこと。他の子もその会話を聴いてるし。

K：そうですね。みんなも幼稚園はこういう場所だと思いますよね。

●●考　察●●　　私とみんな

　長いあそびの時間を過ごした子どもたちは，最後に必ず保育室に集まり，椅子に座って同じ組の友だちの顔を見ます。私はこのクラスの一員であること，この保育室がこのメンバーの居場所であることが，誰からもことばにされなくとも自然に確認できる時間となります。"今日もたくさんあそんで，楽しかったね。また明日，ここで会おうね"という気持ちを分かちあい，それぞれの帰途につく前のひとときです。保育者は保育室の片づいていない状態に眼を向けてもらおうと，今の子どもたちに伝わりやすいことばや動作で「これを皆であるべき場所に収めよう」とはたらきかける時間でもあります。ここにも"私たちの保育室""片づけは私たち一人ひとりと，皆の問題"であることの教育がさり気なく盛り込まれていきます。子どもたちはただ一心にあそび，生活していて，いつのまにか，教育されるのが保育です。保育における教育は，この"いつのまにか"がじっくりと着実に行われることが大切です。

　集団生活が始まって間もない３歳児たちは，あそびや園生活の何気ない行為に，他児と自分の関係への思いやりが求められることになります。先生用の黒い椅子は**トモ貴**にとって魅力ですが，同時に他児にとっても座ってみたい椅子です。**マコ**が先に座っていたら，どうやって自分が座れるか，**マコ**とのやりとりで相談や譲歩が必要になります。それをしなかったことを一言も責められることなく，「今度また，『いいよ』って言った時に座ろう」と**トモ貴**が思えるように，アキ先生はいざなっているのです。**トモ貴**にはアキ先生に咎められた一日の終わりではなく，今度また「いいよ」と言われた時に座ろうと納得して別の椅子に座り直した，小さな出来事になったことでしょう。こうした小さな出来事があるたびに子どもたちは他者の存在に気づき，認め，受け入れていきます。クラスは自分と大勢の他者のまとまりであることを，いつのまにか認識していく道のりが，幼稚園生活です。そうした"私とみんな"が受け入れられた時，片づけも私たちの生活環境を気持ちよく整える行為として，彼らの生活に根づき始めるのです。

Ⅱ　子どもの生活日常と非日常

　成長とは，人が変わっていくことです。人が生活の中で変わるには，大なり小なりきっかけがあります。ここでは子どもが園生活で経験する非日常との出会いと，非日常的な他者が次第に日常の生活に馴染んでいく初期過程に注目してみましょう。非日常が出来事であれ他者であれ，これまでの日常生活ではなかった人との出会いや関係性をもたらします。非日常は偶然生じることもあれば，子どもが予期しなかった環境を保育者が構成して生じることもあるでしょう。今この子（たち）にどのような経験が必要だろうかと，保育者は常に子どもとかかわりながら感じ取り，考え続けている人です。子どもたちは保育者との関係が生活の基盤として安心できるようになると，日常生活になかった人や出来事との出会いを受け入れても自分が揺らがないことに気づきます。

　事例に表れる生活圏の広がりと，多様な人間関係の中で繰り広げられる子どもたちの生活と成長は，登場する誰もが真剣で真摯だからこそ読む者には面白くもあります。世界が広がるとはどのような経験であり，その経験のうちで人がどう変わっていくのか，そんな問いをもって子どもたちの園生活を覗いてみてください。

［1］　たまに来る研究者を迎える

　ここでは，時折やって来て子どもたちのあそびを観ているＫと子どもたちの関係性を取り上げています。少しずつ子どもたちにとって馴染みの大人になってきたＫを，アキ先生がいない時には頼ったり，アキ先生には知られたくない姿をＫに見せるようになっていく子どもたちの変化が描かれています。

　変化していくのは子どもたちだけではありません。Kは次第に自分のことを，児童文学『ムーミン』シリーズの登場人物に例え，家族ではないがまるで家族同然にムーミン家に出入りするミーやスニフのような存在であると感じるようになっていきます。それは，子どもたちがいつのまにかKをこの組にいて違和感のない者として接してくれるようになるからです。子どもたちは非日常的な存在を生活圏に受け入れ，位置づけて自然に親しみある関係性を築いていく力があり，その力はアキ先生をはじめとする園の保育者たちが，人間関係を広げ深める土台として安心できる園生活をつくり上げているから育つ力でもあります。関係主体の一方が変わると関係性が変わり，もう一方の主体も変わっていくことが，ここでは子どものイニシアチブで実現されています。

事例2–1–1.　あなたにも（3歳児7月）

　登園した**オウ太**は，さっそくアキ先生にやりたいあそびの相談を持ちかけている。アキ先生は**オウ太**の話を最後まで聴いてから，「じゃ，**オウ太**くんにいい物貸してあげようっと」と言いながら，材料棚の方へ向かう。しゃがんで，棚の一番下の段をガサゴソと探し，白いかごを取り出した。アキ先生が机に運んで置いたのを見ると，白いかごにはうちわが7，8枚入っていた。アキ先生はうちわを1枚手に取ると，「ほら，これやると，ね？」と**オウ太**の顔を見ながら扇いで見せ，気持ちよさそうに目を細めた。

　うちわには色がついている。**オウ太**と，そばで見ていた**スナ子**がすぐに机に駆け寄り，うちわをそれぞれ選んでかごから取り出した。Kはいつものように保育室の壁の前に座って，彼らがこれから何を始めるかに関心を向けて，凝視しないよう注意しながら見ている。**スナ子**は取り出した茶色のうちわを，迷うことなくKのところへ持っていき，「はい」と差し出した。Kは驚いて嬉しがり，「ありがとう」と受け取った。さっそく扇いで「あー涼しい」と言った。そこへ**オウ太**もやってきて，紫色のうちわをKに渡す。Kはお礼を言って，茶色のうちわを右手に持っているので，左手に紫色のうちわを持ち，両手で扇ぐ。

70

「あー，気持ちがいい」と言っていると，次に**ユウ**がやってきた。手に持っている白いうちわを，やはりKに差し出す。

アキ先生が机に手をついて「じゃ，うちわで扇ぎながら見て」と机の周りに集まった数名を見回しながら呼びかける。**カズ矢，アミ，ユウ治**もそれを聞きつけて机の方へ駆け寄った。机の上には絵の具の用意があり，アキ先生は絵の具に触って「これ，どうやるか覚えてる？」と問いかける。続けてアキ先生は絵筆を手に取り，水の入った容器の内側に筆を当てて「壁に1，2，3して……」と実演しながら説明を始めた。この後，描きたい子どもは椅子に座って画用紙に色づけし始めた。

Kは変わらず保育室の壁際に座っている。そこへ**スナ子**が来て「はい，どうぞ」と画用紙を渡した。薄茶色の画用紙が2枚，ホチキスで留まっていて，内側に緑色クレヨンで丸や葉っぱに見える絵が描かれている。「ハンバーグ。きゃべつが入ってまーす」と**スナ子**は真面目な顔で教えてくれた。Kは「ちょうどお腹がすいてたのよ」とありがたく特大の四角いハンバーグにかじりついた。

次に**チカ子**が現れた。上履きが見つからないのだと訴える。Kは「それはいけないわね」と立ち上がり，「先生に聞いてみましょうか」と**チカ子**の背中をアキ先生の方へそっと押し出す。**チカ子**はKの手が背中から離れてもそのままアキ先生の方へ歩き，先生の顔を見上げて話したが，保育室の遠い位置にいて他児とことばを交わしているアキ先生には聞こえていない。**チカ子**はKに振り返って，"どうしよう？"という顔をする。Kが小さな声と大きな口の動きで「もういっかい」と伝えると，**チカ子**はもう一度先生の方に向き直って訴えた。これはアキ先生にも届き，アキ先生は「あ，それは履いていらっしゃい」と言いながら**チカ子**の背を押して庭への出入口まで行く。出入口に立って**チカ子**は「んんん」とことばにならない声を発する。アキ先生は絵の具をしているカズ矢に呼ばれたので，「自分で持ってきてー」と**チカ子**に笑顔を見せながら机に移動した。**チカ子**はKのところへ来て「あそこ熱いよ」と訴える。絵の具の机にいたアキ先生にその声は届いていて，アキ先生が「だーいじょうぶ」と力強く答えた。アキ先生は庭への出入口へ足早に移動して，**チカ子**に手招きする。**チカ子**が一足出てみて，それから急いで上履きを取って返す間に，アキ

先生はしゃがみ，戻った**チカ子**を「ほーら，できた」と両腕で迎え入れた。

○ ●保育者の語り● ○　　絵の具への親しみ

　絵の具は使い始めて 3 日目なんですね。1 日目は手形だけやったんです。それが一昨日。昨日は 2 日目で，最初はやっぱり手形をやっていたんですけど，その後私の方でも筆で描いてもいいと思ってたので,「こんな物もあるけど」って，筆で描いたんです。あと，スタンプで押したのも飾ってあったでしょう？
K：はい。

　それは手形の流れでやったんです。そんなふうに 2 日間やったので，今日の朝来た時には昨日やらなかった人が「やりたい」って言ったのと，昨日やって楽しかった人が「またやりたい」って言ったんです。
K：そうでしたか。

　私としては昨日やらなかった人を優先して，やったんですけどね。

●考　察●　　ミーまたはスニフ

　児童文学で有名なトーベ・ヤンソンの『ムーミン』シリーズは，日本ではアニメで広く親しまれ，その後もキャラクターとして幅広い世代に人気があります。ムーミンの物語では，ムーミンの家族ではない登場人物がムーミン家に出入りしています。ミーやスニフです。彼らはムーミン一家の家族ではないことにまるで気づいていないかのように，ムーミンママに甘え，ムーミンパパに相談をもちかけ，食事を自然に共にする場面も多数描かれています。つまりムーミンの物語はムーミン一家とそれを取り巻く登場人物という構図でありながら，家族と家族以外の者を分ける境界線が淡いのです。

　観察者として時々園にやってくる K に対し，4 月に入園した 3 歳児たちは 1 学期の後半には親し気に近寄るようになってきました。K の方から積極的に

話しかけることはしなかったのですが，自分たちに関心を向けて場に参加する大人として認知されていったようです。子どもたちはKが担任のアキ先生のようにクラスの物事を決めたり，子どもたちを助ける手段を持っていないこともいつの間にかわかっていたようですが，先生に言いにくいことを言える相手として，ある種の頼りにもし始めました。**スナ子**が，いつも一人でいるKを，クラスの住人としてもてなしています。**スナ子**のさり気ない接近で，Kと子どもたちを分ける境界が薄くなり，いつの間にかKはハンバーグを食べる人としてクラスの生活に位置づけてもらえています。

　チカ子は，上履きが見つからないことをアキ先生に言い出せず，そうかといって自分ではどうしてよいかわからず，不安をKに打ち明けました。けれどKはいつも誰にでもする応答で，アキ先生に伝えようと言います。**チカ子**にもこの事態が予想できなかったわけではないでしょう。もしかすると**チカ子**は，思い切ってアキ先生に伝えるようKに背中を押してもらいたかったのかもしれません。アキ先生は，**チカ子**が「上履きがない」と訴えると，まったく動じることなくテラスに取りに行かせました。おそらく**チカ子**の上履きがテラスに置きっぱなしになっていることを知っていたのだと思われます。アキ先生は「やってごらんなさい」「できるから」と渋る**チカ子**を行かせ，他児とのかかわりで煩雑な状態でも，戻ってくる**チカ子**のタイミングに合わせて**チカ子**を抱き寄せる身体を用意しました。やってよかったと思えるゴールをこしらえたかったのではないでしょうか。

　正式な園の教職員でないことを肌で感じ取っていながら，子どもたちは来訪者がいやすい環境に自らがなろうとしています。身近な人へのさり気ない配慮や援助を，いつもアキ先生にしてもらっているのと同じ仕方で行っています。境界線をあえて浮き立たせずに共存を楽しもうとする子どもの生き方は，保育者をはじめとする身近な大人のそれを吸収して形成されているのです。ミーやスニフが物おじせずにムーミンの家に出入りし，躊躇なく食卓につけるように，ムーミンと彼の家族は目には見えない配慮を無数に行っているはずです。ムーミンの物語の温かさは，固く閉じた境界でメンバーとそれ以外の者をあからさまに隔てないところからもたらされているのかもしれません。もちろんいかな

る集団も，他と区別する境界があって集団として成り立ちます。幼稚園にも組や学年などの属性ごとに形成された集団があり，境界によって内側に属するメンバーの安心感が護られます。内側にいる安心感が育むメンバーの親密な関係性は，幼児期の成長に欠かせません。安心感と親密性が保たれることによって，仲間への思いやりが育まれます。境界線が必要な状況と，境界線が高い垣根になってしまう状況を瞬時に判断できることも保育技術といえるでしょう。

事例2-1-2.　海賊なんだぞ（3歳児10月）

　マキ，アミ，チカ子がままごとコーナーに立っている。3人はユウ治とマミが仕掛けてきた戦いに応戦している最中だ。ユウ治がブロックを組み立ててつくった武器でエイエイと攻撃していると，マミも興奮してきたようにブロックを入れるかごを3人に向かって振り上げた。

　ままごとコーナーのそばには木製の船が停泊しているのだが，その船に座っているスナ子が呑気な大声を出した。「ねーえ，ねーえ，みんな〜」。けれども戦っているマキたちからの応答はない。3人ともスナ子の方を見もしない。返事が返ってこないのでスナ子は下船してままごとコーナーまで出向き，3人に何やら話しかけたが，それでも相手にされなかった。諦めて再乗船したスナ子は"仕方ないわねぇ"という顔でため息をつき，戦士たちを見物し始めた。

　マミはブロックで新しい武器をつくり始めた。やはりユウ治のように武器を持っていないと戦いにならない。どこからかサク子がやってきて，いつの間にかユウ治とマミに加わっていた。サク子はどこで，いつつくったのか，手にブロック製の武器を持っている。サク子が見つめる中で，マミも自前の武器を完成させ立ち上がった。

　アキ先生がやってきた。「ユウ治くんは戦いがしたいの？」と聞くので，ユウ治はうなずいた。アキ先生は「じゃ，戦いたい人探そう」と言いながら，ユウ治の背中を両手で大事そうに押して，別のところへいざなっていく。ユウ治は先生を振り返り見て，「マミちゃんじゃないぞ」と威勢よく言う。アキ先

74

生は手と足を止めて少しポカンとし，「**マミ**ちゃん？」と言いながら辺りを見回した。アキ先生は，「あ，**サク子**ちゃんもいた。**サク子**ちゃん，それ（武器）で戦いしたいの？」「うん」**サク子**もうなずく。「それじゃ，痛い痛いにならないように戦ってね」と言いおいて，アキ先生は他の人のところへ移っていった。

　少し仕切り直しの空気になり，**マミ**と**ユウ治**はカーペットの上に移動して，互いに攻撃し合ったり，カーペットの上に座り込んで話をしたりし始めた。ままごとコーナーでは穏やかなあそびが戻り，**サク子**はアキ先生について行ってしまった。カーペットで**マミ**が「**オウ太**いねぇな」と言う。**ユウ治**がジャンプして**マミ**の隣に着地し，「そうだ」と答える。**マミ**が「俺たちの方が（幼稚園に来たのが）早いな」と言うと，**ユウ治**が「な」と応じる。そこで**マミ**は，近くに座って保育室内をみていた K に「ここは海賊なんだぞ」と低い声で宣言した。K が「え，こわいな。海賊なんですって。海よ」と一緒に座っていた**ユウ**に伝え，2人で泳ぎながら立ち去ると，**マミ**と**ユウ治**に**ナオ浩**が加わって，3人の海賊になった。

○●保育者の語り●○　　夏を越して変わってきた

　今ちょっと，**ユウ治**くんの方が自分の意思，やりたいことがはっきり表せていて，デン，と構えている。**オウ太**くんの方は気弱になってきていて，**ユウ治**くんにすり寄っていくんですね。それで，**オウ太**くんが**ユウ治**くんにちょっかい出すこともあります。

K：はぁ。じゃ，**オウ太**くんは隊長を廃業したんですね。

　ほんとは廃業したくないけど，ちょっと今，自分が危うさを感じていると私は思うんですよね。

K：だいぶ変わってきたんですね。それは2学期に入ってからの？

　……のことです。

K：やっぱり夏を越すとだいぶ変わるんですね。

変わりますねぇ。**ソウ志**くんだって前は「**オウ太**くん」「**オウ太**くん」って言ってたし，**オウ太**くんが**ソウ志**くんを，こう（退けるような仕草）してるのが，前はものすごく大きいことだったのに，今はそんなに大したことでもないんですね，**ソウ志**くんにとって。**ソウ志**くんは朝グズることがあるけども，その後はそんなに**オウ太**くんにひっつく感じもなくなって。

K：周りの人たちが育って，オウ太くんとの差が縮まったんでしょうか。

縮まっちゃいました。

K：あと，マミちゃんが，元々たくましいとは思っていたんですが，今日は男の子さながらのことば遣いで「おい，お前」って。

「ナントカじゃねぇや」（笑）すごいでしょ？　それもね，うーん，もっと"どうしてそうなるのか"を気にしてあげた方がいいのか……いいかなとも思うんですけど。あれがもしかして,何か無理していることの表れだったらね？　もっと考えていかなきゃいけないんですけど。

K：でも何だか似合っているというか，不思議と違和感がなかった。

そう。ね？　本人はおうちでもああだって言うし。だから今はあんまり気にはしてないんですね。

K：この幼稚園では珍しい女の子っていう感じ（笑）

いいキャラクターしてるでしょ？

K：はい。あそぶ相手も男の子が多いんですか？

そうでもないです。女の子ともあそぶんですけどね，ままごとに入りたくてずいぶんアプローチしたこともあったんですけど，ああいう感じだから，あんまりうまくいかないんですね。誰といつもあそんでるという組み合わせは，確かにないですねぇ。割といろんな人と。今日みたいにものすごーく男みたいになっちゃう時と，普通〜にすご〜く自然にしてる時とがあるから，やっぱり……。

あと**スナ子**ちゃんがものすごくしっかりしてきたかなって思ってるんです。ま，何かに没頭してるのとは違うけれども，前よりもここへの生活への不安のようなもの？が，なくなってきてる気がして。

K：基本的にはすごく先生に眼がいってるんでしょうかね。

　1学期はそれがものすごくあって。2学期も多少はそれがありますけど，1学期ほどではないなぁ。

K：そういえば1学期はよく先生と手をつないでましたもんね。

　そうそう。「せんせい，どこ行くんですか？　行かないでください」とか。ほんとに**スナ子**ちゃんは，おいていくと泣いちゃう人だったのに，今は他にやりたいことがあればやってるし，自分から一人でも，興味があるところへは出向いていくとか，そういうことが前よりずっと増えてきて。

●●考　察●●　　創り出した自分の世界で他者と出会い直すこと

　ユウ治と**マミ**は，海賊になりきるために武器が必要だと考え，武器をつくるのにブロックを選びました。この日は武器をつくることと海賊として戦いを挑むことが同時並行で行われています。武器をいつの間にかつくって持っていた**サク子**は，「入れて」というよくある決まり文句ではなく，いつの間にか海賊として参戦しています。戦える者は海賊のあそびに必要な人物なので，**ユウ治**や**マミ**も拒んだりしません。つくることがあそびと一体になった時，子どもの経験と人間関係がぐんと広がっていきます。

　ユウ治と**マミ**が心底海賊になりきっていることは，観察者であるKに「ここは海賊なんだぞ」と宣言していることからも明らかです。因みに，なりきることは行為を似せるだけでなく，対象の性格や生活背景までも自分に取り込んで生きてみることなので，高次の「真似」といえるでしょう。しかしここでは子どものあそび行為の分類と専門的な呼称は脇に置き，なりきることが子どもの園生活をどのように変容させるかを考えてみましょう。

　なぜ**ユウ治**と**マミ**が海賊になろうと思ったかはわかりません。現代の日本に海賊はいないので，おそらくは海賊が登場する物語や年長児のごっこあそびに触発されたのではないかと思われます。しかし彼らは「ピーターパン」の海賊フックや「銀河鉄道999」のキャプテン・ハーロックのような明確なモデルを想定しているようには見えません。どこかで見聞きした海賊の強くかっこいいイメージを現実に創り出し，自分がその世界を生きようとしているようです。

海賊になってみると，室内に停泊している船は格好の住処だし，床は大海原に早変わりします。

　しかし，どうもイメージの世界からはみ出しているように見える観察者Kには，ここが海賊世界であることを共有してほしくなって，「ここは海賊なんだぞ」と宣言したのかもしれません。Kをこの場に身を置く者の一人として認め，自分たちの世界が今どのようなところであるかを知らせるべき相手とみなしています。もしKが海賊として参加しようとしたら，海賊らしい振舞いを教えてくれたかもしれません。でも実際にはこの時**ユウ治**と**マミ**は，海賊になったことで，Kや**ユウ**との関係とかかわりが変容することを期せずして経験しています。Kは「こわい」と言い，一緒にいた**ユウ**と共に岸めがけて海を泳いで行ってしまいました。実はこの時Kは，どのように応答しようかと一瞬迷いながら，咄嗟に一緒にいた**ユウ**の顔を見ました。ちょうど「海賊なんだぞ」と凄んでいる**マミ**の前で**ユウ**の表情が歪むのをKは見たのです。それで，咄嗟に「こわい」と言い，海だから泳いで逃げるという行為を先導したのでした。

　なりきることは特定の世界を創り出すことなので，その世界をめぐって他者との出会い直しが起きます。その世界に入りたい人も入りたくない人も，途中で飽きて世界から出ていってしまう人もいるからです。そうしたやりとりの中で，相手の今まで触れたことのない一面をみる機会も生まれることがあります。

事例 2-1-3.　アキ先生がいないから（3歳児11月）

　スナ子，**サク子**，**モト美**が登園してすぐに，お店で売り物にする腕輪と冠をつくり始めた。色画用紙を輪にして，薄紙でこしらえた花を貼り付けたものだ。**モト美**は薄緑色の画用紙の輪に，黄色と緑色の花を2輪つけて仕上げた。Kに見せにきて，「ほーら」と得意げに腕を掲げて見せる。Kがとてもきれいだと感心していると，**モト美**は「この色（の薄紙を）出してください」と腕輪につけた花を指して言う。「先生にお願いしましょう」とKは言って，**モト美**と一緒に周囲を見回すが，アキ先生の姿は見当たらない。**モト美**は庭へ続くテラス

へ出て，オジマ先生を連れ帰った。オジマ先生が**モト美**の話を聴いてくれていると，そこへアキ先生が廊下から保育室に戻った。アキ先生はオジマ先生にお礼を言って引き継ぎ，**モト美**の話を改めて聴いた。「ちょっと待って」とアキ先生はその場を離れ，すぐにピンク色画用紙と箱を持ってきた。アキ先生は箱の中から薄紙を一枚一枚取り出しては机のかごに入れていく。かごに薄紙が数枚重ねられたところで，アキ先生は「これも使ってくださーい」と言ってかごを店先に置いた。

　30分後，また**モト美**がＫのところへやって来て，ピンクのマジックで絵を描いたピンク色画用紙をヒラヒラして見せ，「紙，白いのちょうだい」と言う。Ｋは「先生にお願いしないとねぇ。先生探しに行ってみる？」と誘ってみた。**モト美**は表情を少し硬くして，「紙ちょうだい」とまた言う。Ｋの方が「先生が……」とシドロモドロになってきた。**モト美**はＫが言い終わらないうちに歩き出し，材料棚へ行って棚を開けた。堂々と目当ての紙を探し，取り出すと，棚を元通りきちんと閉めてお店に戻った。

　次は**スナ子**である。**スナ子**がＫのところへ来て，やはり「紙ちょうだい」と言う。Ｋは子どもにとって頼りにならない大人としてそこに居るのが辛くなっていた。「もうじき先生がいらっしゃると思うけど……聞きに行ってみる？」と誘うが，**スナ子**も「行かない。ここにあるの」ときっぱり言い放ち，まるでこっちだよ，見せてあげるからついておいでというように振り返りながら，材料棚へ行った。その時，アキ先生が保育室に戻ってきた。先生はまっすぐ机に向かっている。**スナ子**は明らかに慌てた様子で棚の扉を閉め，棚に背を向けて一瞬立った。それから，先生のところへ歩み寄り，「紙ちょうだい」と言った。

　アキ先生は机，お店，周囲の子どもたちに「先生いなくて困ったんですって？」と言い，材料棚へ行く。紙をもらいに寄ってきた女児たちに，次々とほしがっている紙を渡していった。その時，目に留まった**サク子**の腕輪を指し，「それ，きれーい」と目を細め，ふわりと笑った。

　アキ先生が男児のあそびを見に廊下へ出て行ってすぐ，**サク子**がＫに「ほら」と腕輪を見せに来た。Ｋは視線を**サク子**の頭に広げ，「こっちもお花をたくさ

んつけたら，きれいじゃない？」と冠を指して言った。**サク子**は嬉しそうに「うん！」と答え，「先生は？」と周りを見回した。Ｋが「トイレ，かな」と言うと，「もーう」と頬を膨らませ，材料棚から平たい箱を出してきた。**サク子**は箱をＫの膝に載せながら，「開けて」と言う。Ｋが箱の蓋を開けると，中には色とりどりの薄紙が重なって入っていた。**サク子**はその中からピンクとオレンジの薄紙を選び，取り出した時，アキ先生が廊下から保育室に戻ってきた。**サク子**は先生の姿をチラリと横目にとらえて慌て，Ｋに箱の蓋を「閉めて！」と言うなり，ままごとコーナーの方へ急いで移動した。Ｋが**サク子**の後ろ姿に向かって「これどうしよう？」と尋ねると，**サク子**は真顔で踵を返し，「貸して」とＫから箱を受け取った。**サク子**はすばやい動きで箱を材料棚に戻し，そそくさとままごとコーナーへ行った。

○●保育者の語り●○　　シンデレラのイメージだけはある

　先週の後半はお芋掘りとお誕生会が続いて，しかも金曜日がお休みだったので，落ち着かない週だったんです。今日（月曜日）は久しぶりの普通の生活でした。そのせいか，あそびがつながってるっていう感じはあんまりなくて。シンデレラなんかは，イメージとして前からやっているあそびなんですけど。

Ｋ：シンデレラっていうのは，前回の観察で赤ずきんちゃんになっていた人たちがそのままシンデレラになってましたよね。

　そうなんです。人に見せたくてやっている人もいるらしいので，今日お客さんを呼んできたんです。でも実際には何もできなくって（笑）。シンデレラになってるだけなら，シンデレラのおうちごっこになってもいいのになと思うんですけれど。「先生，来て。見て」って言われて，私がお客さんになっちゃったから，余計お客さんを呼ぶようになっちゃったんだと，後で思ったんです。

Ｋ：赤ずきんちゃんは，お誕生会で観た音楽劇がしばらく経ってあそびに出てきたというお話でしたけど，それがなんとなーくシンデレラに？バージョ

80

ンが変わったということですか？

　そうです。なんとなくお姫様系というか，昔話風で。今度はシンデレラっていうこと。だけど，劇を観たわけでもなんでもないんですよ。だから何をするっていうのは，特にない。劇はまだ難しいから。スカートと冠ぐらいですね。

K：じゃぁ，やってる人たちも，まぁ実際本なんかではシンデレラのお話に接してると思いますが，どこまでシンデレラのイメージが深く詳しくあるかは，わからない。みんなバラバラのイメージで，共通の経験がないわけですね。

　ないんです。マキちゃんだけは，「シンデレラやるから見にきて」って，養護の先生と5歳児のトモ子ちゃんを呼んできてました（笑）。

※「前回の観察」および赤ずきんちゃんのあそびは，事例1-3-1を参照されたい。

○●保育者の語り●○　　モト美について

K：今日は前回のモト美ちゃんとだいぶ違っていました。前回は「せんせい」「せんせい」だったのに，今日はずいぶんあそび込んでいて。

　ほんとにあの一時期でしたね。それより前は鉄砲玉だった人が「せんせい」「せんせい」って言ってきたから，まぁそれには付き合おうと思ったんですけれど，数日続いたら，もう今はあそべるようになって。困った時とか物がほしいとか，そういう時は「せんせい」って言うけれど，先生を引っ張っていくっていうのは，今はなくなりましたね。

K：ふうん。お店で冠をつくっていたじゃないですか。でもお店をしているスナ子ちゃんとアミちゃんは〝一緒にこれをしてあそんでいる〟という感じがしましたけども，モト美ちゃんは，最初から最後までお店であそんでいるのに，なんか，一人でやっていたような感じを受けて。あそびを共有していても，一緒という感じが……しない。

　誰ちゃんが何をやってるから加わったっていうよりは，目についた物に魅か

れて？やってる気がしますね。でもそういうことを繰り返しているうちに，違ってくるのかなぁとも思う。とっても目敏いし，実行力があるから。確か**サク子**ちゃんが「売れなかった。誰も買いにきてくれない」って言うから，私が「じゃぁ売りに行ってあげる」って言ったんですけど，**アミ**ちゃんはたいてい大人の提案を最初は断るので，

K：へええ

なんか，あるんですね。たいてい断るんです。それで「わかったわ」って言って，売り子の使う入れ物をつくったんです。そしたら**モト美**ちゃんはそういうの，すぐわかるんです。次にどうなるかって。それで「モト美がやる」「モト美がやる」って言い出して，つくり始めたんです。それを見て，**アミ**ちゃんも状況がわかって一緒にやり始めた。**モト美**ちゃんがほとんどつくりましたけど，**アミ**ちゃんもくっついて売りに行きましたね。5歳児の組にも売りに行ったんですって。

K：私も「ついておいで」って言われて行ったんですけど，4歳児の組を通った時に「ここでさっき売れた」って言ってました。

言ってましたか。

K：そういうことがあったのに，なぜかモト美ちゃんは一緒にあそんでいたと思うほど，他の人に心をオープンしていない気がして。あそびが接点になっていただけのような。

ええ，ええ。あの繰り返しじゃないかなぁ。**モト美**ちゃんは結構，自分の気持ちを通しちゃう。やるとなったら，やる。それで，うまくいかない時がありますよね？　で，ダメだったら多分，その人たちの輪から出ちゃうんですよね。そこで"なんとかしよう"っていうのはなくて。「わたしが」「わたしが」って実力行使するけれど，もうダメとなったら，別に人に執着はないっていう感じがしますね。

●●考　察●●　　イメージを実現しようとすること

イメージは連鎖します。赤ずきんちゃんになっていた女児たちが，次はシン

デレラになろうというヒロインイメージの連なりから，女児たちは腕輪や冠を
つくるあそびを始めました。子どもたちがどこから"それ，やってみよう"と
いうイメージを掴んでくるのかは，これまでのあそびの変遷から保育者が予想
できることもありますし，予想しきれるというものでもありません。また，予
想の大半が当たれば保育者の資質や能力が高いというものでもありません。子
どもがどのようなイメージを抱いているのか，実際を見て，時には対話してわ
かっていけば援助は適時できるからです。保育者の専門性の軸足は精度の高い
予知よりも子どもの生活が充実する援助自体にあります。むしろ子どもにとっ
ては，先生に自分のイメージをわかってもらいたくて伝えるところから始まる
あそびの方に，濃密な学びが生じるかもしれません。

　子どもがあそびに反映させるイメージを保育者がわかっていく過程が，子ど
も理解そのものです。人が人を理解することは，完全になし得ることではあり
ません。子どもから「せんせい」と呼ばれるその人も，"もっとわかりたい"
と願い続け，理解に努める道のりの途上に常に居続けることになります。担任
なのだからすべてわかっていると思ったら，そのとたんに子ども理解の努力も
深まりも途絶えてしまいます。**モト美**，**スナ子**，**サク子**が先生の目を盗んで目
当ての紙を手にしようとしたように，子どもは信頼し頼りにしている特定の大
人にさえも，知られたくない一面をもつようになります。保育者は子どもに今
それが必要だと思えばその場で咎めるし，知らない顔をしてそっと，子ども理
解を一つ積み上げることもあるでしょう。

　あそび込むという視点から女児たちの行為を眺めるとき，保育室を空けてい
る先生が戻るのを待って先生に紙を出してもらうのでは，あそびの没入感にス
ピードやテンポが見合わないことは明らかです。それほど3歳児も11月にな
ると，やりたいことのイメージが明瞭に持てるし，そのイメージを実現するた
めの手立ても自分で掴めるようになっていきます。**モト美**たちは材料棚に入っ
ている物を自分が出し入れしてはいけないことを知っていました。だから最初
はKに助けを求めたわけですが，あいにくKは頼りになりませんでした。だ
から彼女たちは実力行使に出たのです。**モト美**たちはそれが自力でできること
をも知っていたのです。

　子どもが今日をどう生きようとしているか，知りたいと思うところから一日を始める保育は，泣きながら登園する日もあった３歳児を，半年でこんなに逞しくさせます。

●●考　察●●　　見られたくない一面と通したい思い

　この腕輪と冠のお店やさんで，Kは子どもたちから２通りのはたらきかけをされました。一つは，モト美，サク子が出来上がった物を見せに来られてきれいだと感心した場面。二つ目は**モト美，スナ子，サク子**から新しい紙を出してほしいと頼まれたことです。

　二つ目のかかわりに注目してみましょう。**モト美**と**サク子**は腕輪を「ほら」とKに見せ，もっとつくるのだからと言わんばかりに紙を出してくれと言います。**モト美**は一度目は自分でアキ先生を探しに行ったのですが，その時にアキ先生が薄紙をどこから持ってきたのかを見ていたのでしょう。二度目の**モト美**と**サク子**はアキ先生がいないとわかると材料棚から自分で紙を出してしまいました。特に**サク子**は箱を持ち出してKの膝に載せ，開けさせています。ちょうど保育室にアキ先生が戻ったのを知ると，**サク子**はKに箱の蓋を閉めさせ，箱をKの膝に置いたまま逃げるように移動しました。Kがわざと「これどうしよう？」と立ち去る**サク子**の後ろ姿に尋ねると，**サク子**はすばやく箱を材料棚へ戻し，ままごとコーナーへ行きました。材料棚の物は担任の先生の判断で出し入れすることになっていて，入園から半年が過ぎたこの時期，子どもたちも皆そのことを理解しています。**サク子**はアキ先生に咎められると思ったのでしょうか。それとも，園生活の約束事を守らない自分を恥じる気持ちがあったのでしょうか。いずれにしても**サク子**は，紙も用意できず，何を頼んでもアキ先生を探しましょうと言うKを，まるで自分の思いを通すための道具であるかのように動かしています。箱の蓋を開けたのも閉めたのも，箱を膝に載せて座っているのもKであって，**サク子**ではありません。かなり知能犯です。

　スナ子はどうでしょうか。**スナ子**はこれ以前にもKに働きかけ，かかわりをもつことが他児に比べて多かった人です。**スナ子**は誰よりも，Kがこのクラ

スにいて自分の判断をしない大人であることを感知していたでしょう。だから
いつもKに言われている返答（「先生を探しにいきましょうか？」の類）に苛立っ
て拒否し，ここにあるのだと珍しく強行しようとしたのかもしれません。ある
いは**スナ子**は先の**モト美**や**サク子**がそうしていたのを見ていて，自分もあんな
ふうに強く思いを押し出し，ほしい物を今すぐ手に入れることができると思っ
た可能性もあります。

　いずれにしても，3人ともアキ先生には自分が材料棚から紙を出したことを
知られたくなかったことは共通しています。先生には見られたくない一面が3
歳児の彼女たちには既にあり，時々やって来てただニコニコと自分たちを見て
いるKには，その一面を隠さなくても不都合にはならないと判断できる力が
あります。Kは自分に対して好意的な来訪者であるという安心感が，ずるさを
見逃し，先生に言いつけたりしないというある種の信頼につながったのでしょ
う。その一方で，子どもたちの園生活に責任を有さないKの頼りなさから，
対等で横並びの関係性をもってもいいだろうという気持ちも感じ取れます。子
どもは身近な人と自分の関係を，あるいは相手の自分に対する関係の持ち方を
繊細に感知し，ことばで伝えなくとも正確に読み取ってしまいます。Kは期せ
ずして，アキ先生の知らない子どもの"ちょっとずるい"一面をみることに
なりました。そして，なんだか自分が隠れて材料を取り出したような恥ずかし
さでアキ先生の顔を見ることができませんでした。

［2］　隣のクラスとの行き来

　隣のクラスの先生の欠勤で，アキ先生が二つのクラスを行き来することになり，アキ先生のクラスの子どもたちも隣のクラスでいつものあそびをすることになりました。アキ先生がいてくれる安心感が拠り所となって，子どもたちはいつもの園生活と急に生じた非日常の行き来が自然にできるようになっていきます。生活圏にある目には見えないちょっとした境界線は，丁寧に慎重に一緒に超えてくれる先生がいれば，自然に乗り越えることができます。

事例2-2-1.　あんなことしたい（3歳児5月）

　オウ太，ユウ治，ユウ太の3人が，保育室に衝立を運んできた。続いて衝立の前に椅子を2列に並べる。**オウ太，ユウ治**が後ろに立ち，**ユウ太**だけが衝立の前に立った。**ユウ太**は前方に向かって「映画始まり～，映画始まり～」と呼びかける。たまたま入室してきた隣の組の3歳女児2人に，アキ先生がそっと「映画が始まるの。観ていかない？」と誘った。2人は顔を見合わせ，にっこり笑い合って，すぐに揃って客席最前列に座った。

　カズ矢と**ソウ志**が衝立の背後にある黒板に，チョークで何か描いている。客席に座っていたアキ先生は立ち上がって「私もやりたーい」と衝立の後ろに回った。先生はすぐに出てきて教卓へ行き，緑の色画用紙で草をこしらえた。草をセロテープで衝立に貼る。ただの衝立が劇場のようになり，何かが始まる感じがしてきた。

　ソウ志は手にしていたゾウの指人形を動かし始めた。アキ先生が続けて「かくれんぼしよう？　もーいーかい……」と言うと，それに合わせて**ソウ志**のゾウが移動したり跳ねたりする。その時，**オウ太**が衝立の後ろから出てきて「まだ……お休み」と言った。**ソウ志**やアキ先生に伝わっていない様子を察知して，**オウ太**は客席の方をはっきり向いて，かしこまった姿勢で立ち，手を前に組ん

で「ちょっと，お休みです」と告げた。アキ先生は他の子どもに呼ばれて机に移動したが，まだゾウの指人形を操っている**ソウ志**に「ゾウさーん」と呼びかけ，手を振ったりしている。

　5分後。**オウ太**は衝立の横に並べたお店で，映画の切符を売り始めた。切符は黄色の色紙に黒のサインペンで何やら書かれていて，10センチ角くらいの大きさに切ってある。アキ先生が「切符くださーい」と言って1枚もらい，客席最前列に座った。タケルもやって来て，黙って差し出した手に切符を受け取り，先生の隣に腰かけた。客席からアキ先生が「あ，ゾウさんも来ました」と言うと，少し照れ笑いを浮かべた**ソウ志**が「おー」とゾウの指人形を高く掲げて見せる。アキ先生が「あ，猫ちゃんも来ました」と言うと，**ソウ志**は自分の左手に持っていた猫の人形を，今気づいたような目で見た。そして合点したように猫を胸の高さに上げると，右手のゾウと向い合わせにし，お辞儀をさせた。

　アキ先生が女児の着替えを手伝いに移動すると，ほどなくして映画館の人形たちは動きをなくし，**ユウ太**と**ソウ志**はお店で切符つくりに転じた。**オウ太**だけは衝立の後ろで猫の人形を動かしている。ふと我に返ったように**オウ太**は衝立の後ろから客席を覗き見て「観たい人はチケット買って下さーい」と呼びかけた。少し経って，**オウ太**は周囲の誰にともなく「終わりでーす。もう映画館は終わりでーす」と告げながら衝立を2枚合わせて向きを変えた。**ユウ太**も手でメガホンをつくり，「映画館は終わりでーす」と告知した。客席にいたタケルは黙って離れていった。**ユウ太**は，まだ客席に座っていたKに「あのね，なんでかって言うと，お外にあそびに行くから」といたずらっぽく笑って耳打ちし，まだ驚いた表情でいるKに振り向きもしないで**オウ太**と連れ立って庭へ出ていった。

○●保育者の語り●○　　お兄さんお姉さんがやってくれた映画館

K：映画館やってましたよねぇ。あれなんかは，こういうふうにしたら楽しく
　できるんじゃない？っていうのを，先生が提示していくということがある
　んですか？

　あれはねぇ，私はあんまり，3歳児だから，ここまでって思ってないんです
けど。先週の金曜日だったか，1回だけ，一番映画館をやりたがってた**オウ太**
くんが，5歳児の組でまったくああいう感じでやったのを，見てきたんです。
今日，あ，あれなんだなと思ったから，彼がやりたいのはこういうことなんじゃ
ないかなぁと思って。なるべく彼がやろうとしてることに，こう……近づけて
あげればいいかなって思ったんですけどねぇ。

K：ええ

　演じるっていうのは3歳児には無理だから，衝立に隠れて何かを動かせばい
いのかなと，まぁそれぐらいかなと思ったんですね。あのお店やさんを持って
きたのも，あれも5歳児がやったとおりやっていて，だから切符もつくったん
だと思うんですよ。そのとおりに，やりたかったんでしょうね。それを，やろ
うとするのが結構私はすごいなと思ってますね。

K：お店も自分たちで運んだんですよね。

　持ってきたんですよね。3歳児は，見せる気がないわけじゃないけれど，と
にかく隠れて何かをやりたい。でも，どうやっていいかは全然わからない。だ
からちょっと，声かけたんです。

K：お客さんのいるいないは，そんなにこだわりがないんでしょうか？

　……と思いますね。**オウ太**くんは，衝立があったらお客さんがいるってイメー
ジしてると思うんですけど，

K：他の人は別にまぁ，やってるだけで，誰が見てるとか……

　ないと思うんです。まぁ一応，私がいれば，誰かが見てるっていうのがあっ
たと思うし，客さんがいた方が嬉しいとは思うけれども，あんまり誰に見せて
どうこうというのは，まだないようなんです。

K：5歳児の映画館を体験したのは**オウ太**くん一人なんですか？

　あの子一人だったんですよ。ほんとにお帰りの前にギリギリまで行ってて。私も「終わったら帰ってきて」って言ってあって。だから他の人はそれほど，映画館のイメージがなかったんだと思う。

K：ええ。

　でもね，私，よかったなぁと思って。やってみたいと思えることを幼稚園で見つけて，ほんとにやってみて。

K：そうですね。ずいぶん長くやってました。最後は「もうおしまい」って宣言して，衝立の向きを変えたんですよ。

　そうなんですか。じゃもしかしたら5歳児もそうやって「おしまい」って言って終わったのかもしれない。そのとおりやってる……。

●●考　察●●　　　保育観察と保育者への聴き取り

　この事例は，研究者が保育観察で「解ること」と「解らないこと」を端的に示しています。Kは保育を観察しながら，子どもとアキ先生が何をしているかは理解できています。事の流れも掴んでいてそれをメモし，保育後は記録に整理しました。けれどもKはそこまでしても，**オウ太**がどうしてあんなに映画館をやりたかったのかは知らないまま観察していました。そこは，たまに園を訪れる人間には知り得ないのです。アキ先生が様々なあそびが展開している保育室で，なぜあれほど丁寧に映画館のあそびに関与したのかも解らずにいました。観察はどんなに細かく見聞きしても，今ここで何が行われているかを知るにとどまります。なぜそうなのかは解らないまま，行為の見聞きを続けるのです。アキ先生は，明らかに映画館をやりたくてあそんでいる**オウ太**には新たな提案をせず見守っていて，むしろ**オウ太**のイメージに乗っかって楽しんでいるような**ソウ志**に“映画館らしさ”を提案しているように思えるのですが，その真意は知る由もありません。

　つまり，保育観察による記録だけでは，保育の場の分析に万能な資料にはならないのです。**オウ太**が前の週に5歳児クラスで映画館のあそびを観客として体験したことも，**ソウ志**たちはそこに居合わせなかったことも，アキ先生の

語りを聴いて初めて知りました。**オウ太**の映画館のイメージが，3歳児の園生活としては非日常的な体験に基づいていて，5歳児のあそびへの憧れがモティベーションになっていたから，何とかしてやり遂げようとあれこれ試行錯誤したのだろうと合点すると，保育場面は子どもの園生活の多層性や複雑性を伴って了解できるのです。アキ先生のかかわりも，映画館をやっているからそれらしくなるようにしようというだけでなく，**オウ太**が他児と協働して映画館を実現できるように，イメージを共有できていない他児へのイメージづくりを助けようとしたのでしょう。**オウ太**がクラスの日常に持ち込んだ5歳児の映画館あそびを，**ソウ志**たちは経験していないからです。

　百聞は一見に如かずと言いますが，目に見える物事を知るだけでは保育の理解としては不十分です。子どもに「あの時はどういう気持ちだったの？」と尋ねるわけにはいきませんが，保育者にとっての「あの出来事」の意味や背景，経緯を聴くと，体験した出来事の理解が多少ともリアルになります。

●●考　察●●　　内緒話—保育者も知らないこと—

　事例の最後に，映画館のあそびをおしまいにした子どもたちの中で**ユウ太**が一人客席に出向いて，Kに耳打ちした場面が描かれています。なぜ映画館のあそびをやめるかについて，「いたずらっぽく笑って」**ユウ太**がそっとKに打ち明けた内容から考えると，しばらく前から映画館のあそびに飽きていたのかもしれません。映画館のあそびは**オウ太**のモチベーションとアキ先生の助言が支えとなって続いていましたが，途中で参加した**モト美**と**オウ太**のイメージが一つのあそびとして合流できなかったことで"あんなことしたい"という**オウ太**のモチベーションが下がってしまいました。**オウ太**の"やりたい"がトーンダウンしてしまうと，**ユウ太**にとっては続ける意味が薄らぎ，庭で別のあそびがしたいという気持ちが芽生えていたのかもしれません。

　客席にいたアキ先生は既に他児にかかわって移動していましたが，ちょうど客席に残っていたKが本心を言える格好の相手だと思われたのでしょう。「映画館は終わりです」と客席に告知した張本人である**ユウ太**が，いたずらっぽく

90

笑って言ったこの言葉は，映画が終わったのではなく，実は飽きたからやめるというのが本心で，それは友だちや先生には言いにくいけれど誰かに言ってしまいたい内緒話であったように思われます。

事例2−2−2. やりたいことはあるけれど（3歳児7月）

今日は隣の組の先生がお休みなので，アキ先生は絵の具をやりたい人たちを連れて，隣の保育室に出向いた。

廊下では，**カイ介**，**ユウ**，**タケ士**が線路を組み立てている。一番熱心にやっているのは**カイ介**のようだ。**ユウ**は空き箱を二つ手に持って，線路の周りをうろうろしているし，**タケ士**は飽きたような顔でキョロキョロしたあげく，保育室に入っていった。線路を組み立てて汽車を走らせるあそびは止めになったのか，**カイ介**もつまらなそうな顔で口を尖らせて，線路を入っていたかごにポチョン，パン，と一つ一つ解体しては移していく。線路を全部仕舞い終えると**カイ介**はかごを提げて保育室に入った。

カイ介が保育室に入った時，ちょうどアキ先生は入れ違いに廊下への出入口で「**オウ太**くん，**アミ**ちゃん，ちょっと来て〜」と呼びかけていた。保育室で思い思いのあそびを広げている子どもたちに，「ちょっと留守していいかなぁ」と伝え，**オウ太**と**アミ**に「じゃおいで〜。いいとこ行こう」とうちわを手に持って廊下へ出ていった。**オウ太**と**アミ**はアキ先生の後について隣の組の保育室に入り，机で好きな場所に座った。机には，アキ先生が何かを始めるみたいだと思って近づいてきた隣の組の3歳児も2人座った。みんな絵の具を用意するアキ先生の手の動きを目で追っている。

カイ介もフラリと隣の組に入り，出入口付近の床でかごから線路を取り出した。ゆっくりと，一つ一つ線路を出しては繋げていくものの，時々机でうちわの色づけをしている人たちの方を見上げる。

○●保育者の語り●○　　いつもと違う状況

　今日はいつもと違う状況でしたので，私の気持ちも二つの組に分散していたっていうのがあるんですね。それで，絵の具をね，うちわに絵の具で描くっていうのを，どちらの組もやりたいと思っていたのですけど，両方ではできないので今日は隣の組でやろうと思ったんです。それで私が，やりたい人を隣の組に連れていったんです。そこで何となく，いつもと違う不自然な形になりましたけど，子どもたちもそのまま隣の組であそんでた人もいて。**ハル子**ちゃんと**モト美**ちゃんと**ユウ**くん。この３人があちらの組に残ってあそんでたんですね。そのことは"いいな"と思って見てました。

K：はい。

　でもとにかくうちの組がお留守になっちゃって，私がいない状態で。ま，普段でも私がお山に行ったりお砂場に行ったりすると，いない状態というのはあるし，子どもたちも先生がお隣にいるってことはわかってる人もいましたよね。

K：ええ，いました。

　だから何となくちょっと，いつもと違うって思ってたのかな。

K：そうですね。ユウ太くんが「まーた先生いなくなっちゃった」って言ったんです。いつもだって先生が今おっしゃったように他のところへ行くことだってあるのに，なんか今日は向こうに行っちゃう，隣の組に取られちゃうみたいなところが（笑）あるのかなって思いました。

　そう。ちょっといつもとは違ういなくなり方が，やっぱりあるのかなぁと思って。で，そういう中でね？　**スナ子**ちゃんとか**カズ矢**くんなんかは，後半お砂場へ行ってあそんだり，意外な人たちがそれほど先生の動きに左右されずに過ごしてもいたように思って。そういう時に，すごく先生に左右される人と，そうでもない人がいる。普段じっくりあそんできている**チカ子**ちゃんとかは，案外マイペースですよね。

K：ええ。ずーっとあそこ（机）で夢中になって絵を描いてました。

　自分の必要でしか先生とかかわらない人だから（笑）。先生がいることで安心してた人は，……やっぱりね。普段ね，自分で，本当に自分のペースであそ

んでる人っていうのは案外動揺しない。なんか今日は，それぞれの……心の持ちようが，ちょっとわかりました。

K：そうですね。こういう時に出ますね。

　出ますね。

●●考　察●●　　偶然から意味ある経験に

　急に生じた隣の組の担任の不在で，同じ3歳児を担任するアキ先生は隣の組の子どもたちのことも気にかけ，組の境界線を淡くして一緒にできるあそびは一緒にやろうと考えました。そこでアキ先生は，隣の組の子どもを自分の組の保育室に招くよりは，自分が子どもたちを連れて出向くことを選んでいます。担任の先生がいない隣の組の子どもたちは，それだけで大いなる異変なので，よその保育室であそぶとなれば尚更，身に感じる変化はさらに大きくなります。いつもと違う状況は，子どもにとってはいつもと違う園生活を意味します。だから，せめていつもの保育室であそべるように，アキ先生の組の子どもを移動させることを選んだのでしょう。4，5歳児になればよその組の保育室に出かけてあそぶこともありますが，3歳児の7月ですから，アキ先生の組の子どもが，アキ先生に連れられてちょっとした遠出を楽しむ方が自然だからです。子どもだけではなかなか入ることのない隣の保育室であそび，いつも庭で一緒にあそんでいる隣人のホームで，出会い直せる機会にもなったでしょう。

　ところで，廊下で線路を組み立てていた**カイ介**たちは，あそびが続かず保育室に戻ります。けれどちょうどアキ先生が隣の組に行ったことがわかり，友だちもアキ先生について行ったので，自分も隣の組に入ってみました。やはりアキ先生がいるから，入ることができたようです。廊下でやっていた線路の組み立てを再び始めたことから，**カイ介**は友だちとそのあそびを続けたかったことがわかります。でも，廊下では誰も線路の組み立てに本気で取り組んでくれなかったし，ここでも一人きりです。**カイ介**の気持ちは，そばの机で絵の具を使ってあそんでいる友だちの方に引っ張られていきます。**カイ介**は隣の組に足を踏み入れて，自分のやりたいあそびをしていますが，充実しているとはやはりい

えません。子どもの園生活には，やりたいあそびを追求できることと，それを共にできる友だちの両方が同じくらい大事であることがわかります。この**カイ介**については，アキ先生がこの後どのようなかかわりをもったのか，事例に出てこないのでわかりませんが，きっと**カイ介**の気持ちの揺れに気づけば，揺れに付き合い，一緒に**カイ介**がどうしたいのかを模索するに違いありません。

　アキ先生の語りには，いつもと違う状況で園生活をする子どもたちが，それぞれいつもと違う状況であるが故に表した個性と，出会い直せたことが読み取れます。子どもにとっても，いつもと違う友だちの一面に触れた一日だったかもしれません。クラスの子どもたちがアキ先生の保育室不在を，いつもの不在とは異なる状況として察していることがわかり，子どもたちへのまなざしを見直す機会になりました。平常心で自分のあそびに没入できる子どももいれば，ソワソワして先生について歩く子どももいて，それぞれが園生活でどのくらい安定感を得ていたのか，みる眼を新たにしたようです。状況の変化から他者をみつめ直す機会を得るのは，アキ先生の生き方そのものなのかもしれません。そうしたアキ先生と共にある園生活で，子どもたちは新たな出会いに心を開く準備状態が，水面下で形成されていたとも考えられます。こうした子どもたちの眼にはみえない着実な育ちに，保育者は偶然生じた非日常を子どもにとって意味ある経験として上手に取り込んでいきます。それこそが保育技術です。

Ⅲ　保育者の省察

　保育者が省察を行うのは，もちろん保育をよりよくするためです。保育では自らの居方や子どもとの関係性を常に繊細に見極めていなければなりません。その見極めは，保育しながらできることもありますが，後になって思い当たることもあります。子どもの行為の基盤に心の微細な動きを感知することは，むしろ子どもが降園した後の継続的な省察によるところが大きいといえます。

　ところで，保育研究者が保育を観察する醍醐味の一つは，何度も同じ園に足を運んで継続に観察することで，子どもの園生活の豊饒さに直接触れることです。子どもが自分で何をやりたいか自問できる環境では，考え，想像を巡らせ，実現したいと思うあそびは実に多様です。そのあそびを実現するまでの道のりで子どもたちが経験する試行錯誤，苛立ち，友だちとの関係，発見，楽しさ，嬉しさはことばにしずらいほど豊饒であることを，同じ場に身を置いてリアルタイムで実感できるのが保育観察です。どのようなイメージをもって何をやろうとしているのか，すぐに理解できなくとも，時間をかけて徐々に子どもの抱いているイメージが想像できるようになっていく自分自身のみる眼の変容も体感することがあります。

　けれども観察には大きな限界もつきまといます。目で見てわかることは案外少ないのです。観察でわかることは子どもが「何をしているか」「どんなふうにしているか」にとどまります。「なぜそのあそびに拘っているのか」，あるいは「これまでにどのような経緯があって今の状態があるのか」は，想像でわかることではありません。また，観察者がいくら目を凝らしていても子どもや保育者の気持ちや考えは目に見えません。そのような限界を補うために，Kはアキ先生の語りを聴いてきました。

　保育者の語りを聴いていると，観察したはずの保育場面が，見た時とは異な

る現れ方をし始めます。子どもの行為が「なぜ」あのように行われたのかがわかり始めるので，見た行為に合点がいくのです。保育者が子どものあそびをどのようにとらえていたか，その上で何を願っていたかもわかって，その願いが場の進行に大きく影響していたことも，語りを聴くと改めて理解できます。単に「ままごとに興じている」と記述した自分の保育記録に厚みがでてくるのです[注3]。聴いて初めてみえてくる体験ができます。保育者の語りを聴いて場面の意味が了解できるところまでが，保育観察です。

[1]　悩ましさと向き合う

　保育者なら誰もが日常の保育で悩ましさを抱えるでしょう。けれども何をどのような問題としてとらえるか，どのように悩ましさと向き合おうとするかは，百人百様のプロセスを辿ります。

　本書は，アキ先生の保育を通して子どもたちの園生活と保育者の省察を追ってきた記録です。アキ先生は今日の保育で表れた子どもの具体的な問題に省察を向けることもあれば，より深い子どもと保育の本質に踏み込んで省察することもあります。アキ先生が何を悩ましく思い，どのような省察を行ったか，ここではKとのやりとりで開示された省察内容を中心にみていきます。

事例3-1-1.　つかみ合い（3歳児5月）

　すっかり片づけの雰囲気が広がり，子どもたちはあそびを終わらせて物を動かしたり，椅子を運んで並べる子どももいる。**アコ**は，母親に見せるものを何かつくりたくて，もうおしまいと言われる時間であることをわかっていても，やらずにはいられないようで，机で精を出している。アキ先生は**マサ男**をトイレに連れていって保育室に戻り，**マサ男**が紙パンツを履くのを手伝っている。

　保育室の黒板の前に何か動く気配を感じ，アキ先生がそちらを見ると，**オウ**

96

太とソウ志が無言でつかみ合っていた。声も出ない真剣な顔つきで，互いに肩を掴み，押し引きしている。ちょうど**マサ男**は紙パンツを履けたところだったので，アキ先生は素早く二人のところへ行って，「**オウ太**くん，**ソウ**ちゃん，頼む。お椅子並べて」と一旦は二人の間に顔を突き出して，すぐに近くに並んでいた椅子を一つ持った。「こういうふうに」と言いながら改めて椅子を置く。**オウ太**はふてくされた表情で，少し口をぴくぴくさせながら，アキ先生の置いた椅子にドスンと座りこんだ。

アキ先生は「**オウ太**くん，まだお椅子あるの」と言って背中をそっと押し，**オウ太**が立つように促した。

○●保育者の語り●○　　オウ太があそび込めていない

今思っているのは，**オウ太**くんて割と身体も大きくて，動きもこの組の中ではお兄さんぽい雰囲気でいるんだけど，あの人がうまく自分のあそびにならないで過ごしているような気がして。もっとあの人を，なんとか充実させてあげたいと思うんですね。**ソウ志**くんとか**ユウ太**くんがあの人についていってくれてるんですけど，今一つ……いろんなことが中途半端で終わってて。この間は映画館がやれてましたけど，なんか，ね。うまく力が出し切れてない気がしてるんですよね。だからそこを，なんとかしてあげたいんだけども，何せあの幼い人たちと**オウ太**くんの差がすごいんですよ。

K：こういうことをやりたいっていう気持ちは出すんですか？　オウ太くん。

私にはっきりとは言ってこないんですよね。たとえばウレタン積み木で何か構成するのかなと思って私が入ったりしても，今一つ，あれしよう！っていう感じが出てこない。

K：この間は映画館が目を引いたんですけど，そういえば今日は……

なんか今一つ，なんですよね。

K：目立つところだけ目を留めてると，見逃しちゃう。

　そうなんですよね。今日も，物足りなかったんじゃないかなぁって思うんです。私がいないところでは，わからないですけどね。4，5歳児のお部屋の方へ行くのを見たから，もしかしたらそこそこ，面白いことを経験したかなぁ，なんて思ったりもするけれど。4歳児のお店屋さんにも行ってたし。大きい人とあそんでる方が，**オウ太**くんは楽しいんじゃないかって気がするんですよね。それが今，このクラスの課題ですね。

K：じゃぁやっぱり，4歳児にあそんでもらおうというより，このクラスの関係性の中でどうあそび込めるようにしていけるかっていうふうに考えますか？

　両方ありますね。あの人にとって大きい人もいいと思うけど，でもこのクラスの中でも……むしろあの人があそんでくれたら他の人にも刺激になるから，そういう存在として，いてほしくもあるんですね。もちろんそれだけだったら本人に負担になるから，時にはお兄さんたちと虫探しをするとか，遊戯室であそんでくるとかね？　そういう時もあっていいと思いますけどねぇ。

※**オウ太**が映画館を開いたあそびは，「事例 2–2–1. あんなことしたい」に収録されている。

●●考　察●●　　**目立つところだけ見ていると大事なことを見落とす**

　以前**オウ太**は 5 歳児のあそびを真似て，保育室で映画館を始めたことがあります。そのあそびには**オウ太**を含め 3 人の男児が参加していたのですが，どうやら映画館のイメージをはっきり持っていたのは**オウ太**一人でした。できると思って始めた映画館は，アキ先生の援助を得ても**オウ太**のイメージどおりにはでき上らず，進行もままなりませんでした。アキ先生は保育後に，3 歳児に演じることはまだ無理であること，衝立の後ろで何かを動かす体験ができるように援助したことを語っています。他方，**オウ太**以外の男児たちはお客の有無はあまり意識していないのに対し，**オウ太**はお客さんがいるイメージであっただろうとも語っています（【保育者の語り】お兄さんお姉さんがやってくれ

た映画館)。**オウ太**は自分がお客さんになって実際にあそびに参加した経験があったからです。この時から既に，同じ組の子どもたちとだけでできるあそびでは物足りない**オウ太**の状態が，やってみた映画館のあそびに表れていたことになります。また，**オウ太**が同じ3歳児よりも年長児から影響を受けてあそびを創り出したい人であることを，アキ先生は感じ取っていました。

　事例では，片づけの時間につかみ合いを始めた**オウ太**と**ソウ志**が，慌ただしい降園前の光景の一端として登場しているわけですが，保育後のアキ先生は忙しかった片づけ場面での自身の行為よりも，**ソウ志**とつかみ合った**オウ太**に心の眼を留めました。子どものあそびはいつもテーマをもって展開していくとは限りません。**オウ太**のように，映画館をしたくてどうしたら映画館らしくなるか試行錯誤する日もあれば，やりたいあそびに出会えずに過ごす日もあります。実現したいイメージがあるにはあるけれど，茫漠としていて子ども自身もイメージの輪郭がはっきりつかめず，何をどうしたらいいかもどかしい状態を生きている場合もあるでしょう。喜々としてあそびに没入している状態だけを追い求めてしまうと，子どもにとっての園生活の意味を考えることすらできないまま，あそびの山場をつくり出すことに性急になってしまうかもしれません。子どもが調子の出ない時にじっくり付き合うから，保育者は援助の最良のタイミングをつかむことができるのです。あそべていない子どもの状態に伴走する日々を積み重ねてこそ，やりたいことを見つけた子どもの心の動きやあそびの展開に価値を見出し，より充実できる提案ができるというものです。幼児期の育ちに伴走するためには，テーマ性のある，まとまりがつかみやすいあそびに注目して，あそびの展開を分析したり援助の仕方を反省するだけでなく，あそびに入り込めていない子どもの心の動きや状態について，その子の側から園生活の意味をわかろうとすることも非常に大切です。あそび込めている状態の子どもよりも，もやもやした状態で過ごしている子どもの方が保育者の援助を必要としているからです。アキ先生は「力が出し切れてない」**オウ太**のことをあれこれ想起しました。**オウ太**のことを省察していくと，「このクラスの課題」もはっきりしてきました。クラスにとっての**オウ太**の存在感と**オウ太**の園生活の充実を両方実現していくことを，アキ先生は自分自身の保育課題として見据

え，引き受ける省察になったのではなりました。

事例3-1-2.　池で水あそびしなかった（3歳児7月）

　3・4・5歳児が混じって，庭の池に裸足で入っている。おっかなびっくり水の感覚を足で味わっているような3歳児は，遠目に見てもはしゃぐ4,5歳児と一見して区別できる。担任保育者たちが入れ替わり，誰かがついている。

　池の周りでは，数名の3歳児が年長児の水あそびを見ている。保育室でうちわの色づけにかかわっていたアキ先生は，ふと庭への出入口越しに庭の池の方を眺め，出入口まで歩いていった。池の周りにいる3歳児の中には**オウ太**もいた。「**オウ太**くーん，来てごらーん」と手招きすると，**オウ太**はすぐさま駆けてきた。アキ先生は**オウ太**を池の方を向いて立たせ，両肩に手を置いて，池を指さして何か囁いた。**オウ太**の視線は徐々に池に集中し，最後にアキ先生が「行ってみる？」と顔を覗き込むと，「うん！」と明るい顔で即答した。

　池に走っていった**オウ太**の後を追うようにアキ先生も庭に出て，池の淵に立った。裸足で浅瀬に入り，池の外側から子どもたちを見守っている用務員さんに向かって「飲んじゃう人がいる〜」と笑い半分，困った顔半分の表情で伝えた。そのとたん，用務員さんとKが同時にアキ先生の後方を指さして「あ，やってる〜！」と叫ぶ。アキ先生が振り返ると3歳男児が手で掬った池の水を口に運んだところだった。アキ先生が水をまたぐように慌てて止めに行く。男児の手を両手で持って，「このお水は飲めない。ここのお水はね，泥んこが入ってるから，飲むとお腹痛い痛い痛〜いってなっちゃうよ？」と真剣な顔で訴えるように言う。男児はキョトンとしていたが，どうやらわかったらしい。

　しばらくすると，アキ先生が庭であそんでいた**カコ**を脇に抱きかかえて足早に池に行くと，その足で池に入った。深い溜まりの手前で止まったアキ先生は，「ここ？」と聞きながら抱えている**カコ**の顔を池の水に傾けて水を見せる。**カコ**は黙ったまま首を振る。アキ先生は浅瀬に移動し，「じゃ，こっち？」と尋ねる。**カコ**はシュンとした表情でかすかに「や……」と言った。アキ先生は息

をついて,「じゃ帰る？ その前にちゃんと抱っこしよ？」と言って,**カコ**を縦抱きに抱き直す。**カコ**を抱っこしてテラスに移動した**アキ先生**は,**カコ**をテラスに下ろすと,ワンピースを脱ごうとしてもがいている**マキ**のワンピースを脱がせ,丁寧にたたんで小脇に挟んだ。そしてすぐに桶に水を張ってテラスに運び,**マキ**に「ここで足洗いましょう」と手招きした。**マキ**は桶の中に入って,自分の足が水の動きでゆらゆらして見えるのをじっと見下ろしている。アキ先生は**マキ**を見て微笑みながら,「よく洗わないときれいにならないわよ」と柔らかい口調で伝え,また微笑んだ。**マキ**はアキ先生と目を合わせてにっこりした後,桶の中で足をボチャボチャ音を立てて動かし始めた。

○●保育者の語り●○　　「どうしてだろう？」と「やっぱり」

　外で水あそびがありましたね。お池に水が張ってあって気になってたんですけど,絵の具があったからなかなか行かれなかったんですよね。後半やっと行ったんですけど,やっぱり３歳児って,……っていうかうちの組は意外と行動範囲を広げることに奥手なところがあって。そういう感じがするんですよね。行動範囲だけじゃなく,いろいろなことで。パーッて行かない。今日もやっぱりそうで。近くまで行って,ちょっと水に入っても,すぐ砂場に戻ったりして。私がいてもそんな感じがあったから,やっぱりそうなんだなぁと思って。

K：先生はオウ太くんを呼んで,たぶん池で水あそびすることを仄めかしたんじゃないですか？　彼は確かに池に行ったはずですが,私が行った時にはもう彼の姿は池にありませんでした。

　ちょっとやって,すぐやめちゃったの。

K：やっぱりそうだったんですね。探したんですよ私。

　オウ太くんと**ユウ治**くんは絵の具が終わった後で,やることが見つからないみたいだったから,私が意図的に誘ったんです。もっと,ね？　楽しめるかなと思ったんですけど,やっぱりダメなんですよねぇ。

K：ユウ治くんも水あそびダメだったんですか。

　ユウ治くんの方がすごく興味をもって面白がったんですけど，結局すぐまた靴履いちゃって。靴を履いて水運びになったんですね。だからやっぱり，ダメなんだなぁと思って。

K：正直言って，3歳児の方がお水でキャーッとはしゃぐかと思っていましたが。

　そう思いますよねぇ。でも，そうじゃないんですよねぇ。カコちゃんは絶対水に入らなかった。タカちゃんも，抱いて行ったら足をこうやって引っ込めちゃうの。私，なんなんだろうと思って。

K：水に馴染んだことがない？

　……ってこともないと思うんですよ。ワーッていう雰囲気があると，ダメなのか。

K：ああ。その雰囲気に気おされちゃう？

　他のことでもこの組は割とそうなんですよね。外に出るのも。遊戯室にもほとんど行かない。

K：行かないですねぇ。行方不明っていう人がいないですもんね。

　いないです。水でバチャバチャ楽しんでくれたのは，ソウ志くんとモト美ちゃん？　マサ美ちゃんもちょっと，「こうやってやるのよ」って教えてあげたらやったけれど。

K：アミちゃんはずいぶんお砂場と池の間を行ったり来たりしながら，とうとう水には入りませんでしたね。

　そうです。あれだけ好きそうなのに。いっつも靴も靴下も脱いであそんでるし。まぁ，これまでの絵の具のことを考えても，この組の感じとしては2日目，3日目になると結構やり出す可能性はある。

K：ああ。お水あそびは今日始まったんですか？

　一昨日は5歳児だけやったんです。それで昨日はあんまり，あんなふうに沢山はお水を入れなかったんです。今日は朝から入ってたんですけど。この組はこういう感じなんだなっていうのが，よくわかりました。

●●考　察●●　　手が届くところに自分を用意して好機を待つ

　アキ先生は，絵の具を終えた後の**オウ太**があそびあぐねていることを気にしていました。「意図的に誘った」のは，池での水あそびで愉しめるだろうと予期したからでした。他にもアキ先生がこの日水あそびに誘導した子どもはいます。池に水を入れて3日目なので，年長児が水と戯れている姿もだいぶ目にしています。そろそろ水あそびへの関心を表すかもしれないと思っていたのです。けれどの子どもも，アキ先生が思ったようには水あそびをしたがりませんでした。このことについて保育後のアキ先生は，水あそびという枠から出て，この組の子どもたちの園生活という，より大きな視野で省察を行いました。この組の子どもは今日の水あそびに限らず，新しいことに即座に入り込まないので，空間的にもどこに行ったかわからなくなるような子どもは今のところいないと語っています。

　その後もアキ先生の語りは，どうしたら子どもたちが水あそびへの関心を高めるだろうかという活動目的的な方向には進んでいません。保育と省察をPDCAサイクルでとらえようとすると，「今日のあそびに子どもが関心を持たなかったのはなぜだろう」と考え，「今後より関心を引くあそびの提示を行うにはどうしたらよいか」という流れで省察することになるでしょう。でもアキ先生は，新しい物事にすぐに飛びつかないことを，否定的にとらえていないようです。これまでの絵の具への関心の高まり方をみても，数日かけて徐々に「やってみよう」という動きが生まれてきたので，水あそびもこれから同じようにやり出す可能性はあると考えています。「保育者のあそびの提示→子どもがそのあそびをする→子どもの取り組み具合の評価」に当てはめて考えすぎると，提示の仕方が悪かったという反省ばかり出てきますが，そもそもアキ先生の保育では，必ずしもその日その時にしかできないあそびとして提示してはいないのです。

　池に水を張ることは，季節感を取り入れ，子どもの経験が広がることを願ってなされる，いわばあそびの提案としての環境構成です。保育者が用意した環境をどのように受け止め，受け入れるか否かは多くの場合，最終的には子ども

に委ねます。受け入れる仕方も子どもそれぞれの個性的な感性に委ねてみると，保育者の期待や願いとはまったく異なる受け入れ方がみられることもあり，それは保育者にとって子どもの個性の発見になります。このような偶然の産物も含めた子どもと環境のかかわりは，子ども自身のモチベーションが高ければ，継続的に取り組むあそびになりやすいでしょう。保育者が構成した環境自体が，様々な取り入れられ方を許容できるだけのゆるい構成になっていることも見逃せません。"こんなふうにもあそべる"と子どもを誘う環境は，ゆったりと長い時間そこにあって，新たな経験に踏み出すことに慎重な子どもが少しずつ近づいていくことを歓迎します。これは初等教育以降の教育方法ではできにくい，保育の特権と言って過言ではありません。「やってみよう」と踏み出した時に最良の援助ができるよう，保育者は好機を待ちます。

　このことは，保育者の保育計画のありようとも関連しています。環境構成は保育者から子どもへの提案ですから，当然そこには提案者の願いや明確なイメージがあるのは当然です。問題は，保育者側の願いやイメージを前面に出して，「今日は水あそびをする日です」と宣言するかどうかです。アキせんせいはあえてそうはせずに，子どもが水を恐れたり他のあそびを選ぶことを尊重し見守りながら，「やってみよう」の好機をとらえて水とのかかわりがよりよい経験になるよう心を配る保育をするつもりでいます。この人は何をやりたいのか探り，その子その子のイメージで水とかかわる過程に伴走しようという保育観は，計画としては淡く，緩やかです。いつでも援助できる構えをもって好機を待つ保育ですから，子どもたちに経験してほしい内容を計画し構成しますが，あまりタイトに「これは今やることです」とは言いません。これがこの子どもにとってどのような経験になるか，思案しながら子どもに必要があれば援助を行うので，「活動」という空気すら呈しません。そのような保育は，PDCAの波に乗ってどんどん前に進むことができない歯切れの悪さを保育者に与えます。また，何を省察すべきかをも保育者に考えさせる点で，難しく知的な保育といえるでしょう。保育は子どもの育ちという変化を待つことも大切です。待つことは，保育者にとっては，必要なタイミングで援助できる状態をずっと用意し続ける実践と，忘れずにその子の課題を心に留め続ける省察を意味します。

保育は歯切れの悪さを残す実践だから，省察が必須だともいえるでしょう。

ある日のひとこま③（3歳児7月）

机で絵を描いていた**マミ**が，やおら立ち上がると「せんせい〜」と
言いながらアキ先生の方へ行く。アキ先生は
ハル子と話をしていたが，**マミ**はお構い
なしに「せんせい，○○ちゃんがねぇ，
映画になったんだよ」と話しかける。
ハル子とのやりとりを終えたアキ先生は，
歩いてきた**マミ**の歩調に合わせて連れ立
って歩き始め，「あら，じゃぁ見ようか
しら」と応じる。

［2］ 忙しさと向き合う

　保育者はとても忙しい人です。身体が忙しいばかりでなく，感性と思考の忙しさもあります。何しろ子どもが好きなあそびに興じているのですから，かかわる好機を絶えずはかっています。子どもにとって必要なタイミングでかかわれるよう，立ち位置や姿勢を絶えず考えて身の置きどころを決めています。今ここでのかかわりに専心しているようでいて，継続的に願ってきた子どもの課題が現時点でどのような状態であるか，目には見えない現状にも眼を配っています。保育者のそうしたまなざしを受けながら，子どもたちの成長は一歩一歩着実に，しかもいつの間にか実現されていきます。

　園生活を子ども自身が自分の意思で送るようになったり，さんざん先生に「やって」と頼んで「それじゃダメ」だとダメ出しばかりしていた子どもがある時自分でやり始めることもあります。そうした子どもの成長は，自然に開花したわけではなく，保育者の目立たない目配り，援助，心配りとの関連で表れてくる変化です。子どもの成長は子どものものですが，成長していることを実感できる嬉しさは，保育者その人のものです。

事例3−2−1．　チキチキルームの踊り（3歳児10月）

　アキ先生が保育室から庭へ出ようとしている。**マミ**が帽子をかぶって先生の顔を見上げ，「せんせいもお帽子かぶったら？」と言っている。アキ先生は「先生も？」と口元に笑みを浮かべ，「じゃぁ……」と，出入り口から一歩外に出ていた足を部屋に向け直し，子ども用の予備の帽子を持ってきた。小さな帽子を頭に載せて「入るかな」と頭にはめ込もうとし，ふと保育室の机に座って持て余しているように見える**ユウ**に目を留めた。「運動会やってるんですって。**ユウ**くんも行きませんか？」と**ユウ**に呼びかけたが，**ユウ**は返事をしない。手に持っている手製のTVゲームに向かって独り言を言っている。アキ先生は**ユ**

ウをそれ以上誘うことはせず，帽子を頭に浮かせた姿でテラスへ下りた。待っていた**マミ**に「ちょっと恥ずかしい。でも，いっか」と照れた表情を向けると，**マミ**は先生の頭に載っかっている帽子を見上げて満足そうにうなずいた。

　アキ先生はカセットデッキを置き，♪チキチキルーム♪をかけて踊り出した。**ハル子，スナ子，サク子，カコ**が足早にやってきて，踊り出す。みんな先生の見様見真似でたどたどしい動きだが，音楽にのって気持ちよさそうに動いている。隣の組の出入口で，**ツバサ**がじっと見つめている。アキ先生は踊りながら「**ツバサ**ちゃんもやらない？」と明るく誘った。**ツバサ**は表情も変えず，返事もしないでそのまま見つめ続ける。やがて**ユウ太**が保育室から飛び出してきて，踊りに加わった。**ナオ弥**と**ソウ志**も踊りながら駆けてきた。

　2度目の♪チキチキルーム♪が始まる頃には，イハラ先生とサセ先生も加わり，4歳児たちも入って踊りの輪は賑わっていた。4歳児たちが「運動会」「運動会だよ」ということばを用いて友だちを誘うので，なんだか運動会のような感じがしてきた。

　アキ先生は，子どもたちが踊りに興じている場を壊さないよう慎重に踊りの輪から離れると，少し離れた場所に立って見ていた**オウ太**に「**オウ太**くんもやろう？」と手招きした。**オウ太**は来ない。次にアキ先生は**マミ**と**カイ介**に声をかけた。二人も保育室から庭に下りたところであそびを探していたのだった。先生が踊りの輪を指さして「やってみない？」と尋ねたけれど，二人は顔を見合わせたままもじもじして動こうとしなかった。そこでアキ先生は保育室に入り，別のカセットデッキを持ってきて机においた。先生について保育室に入った**オウ太**は嬉しそうに**ユウ**と一緒に鈴，タンブリン，カスタネット2個を持ってきた。先生が♪さんぽ♪をかけると，二人はとたんに嬉しい顔になり，**オウ太**は右手に鈴，左手にタンブリンを握ってピョンピョン跳ね出した。**ユウ**はカスタネットを一つアキ先生に渡し，もう一つを自分が持って，振り始めた。アキ先生も一緒にきれいな合奏音の♪さんぽ♪を楽しんだ。

○●保育者の語り●○　　　サク子が変わってきた

　運動会が今週の土曜日なのに，あんまり練習をやってないんです。

　サク子ちゃんは 2 学期から来始めた人なんですけれど，9 月の最初の 2 週間くらいは先生のいるところにくっついてて，先生がいないとちょっと泣いたり。血相変えて探し回って，見つけると追いかけてきて。自分がやりたいことがあっても，先生が移動するとそれを投げ捨てて移動する？　それが今，そうでもなくなってきて。

K：今日の朝，私に「あの〜，すみませんけど〜，アキ先生あそこにいますけど何してるんですか？」って聞きに来たんですよ。ダンスしてる時も「あの〜すみませんけど〜，ブランコしてもいいでしょうか」って。「いいんじゃない？　でも空いてるかしら」って言ったら，「空いてます〜」って。

　そうなんだ。そういうふうに言ったってことは，だいぶ変わったかな。だから先生の様子は気になるけれども突進するんではなくて，一応確認して，まぁ大丈夫ならあそびを続けるし，これは！と思えば追いかけてくる……って感じかなぁ。

K：ダンスの時は，踊ってはいませんでしたよね。

　庭で踊った時は踊ってましたよ。あと，隣の組の前でもちょっとはやってました。途中で**ソウ志**くんや**ユウ治**くんたちがブランコへ行っちゃった時には，ブランコに行ったけれども。

K：ふぅん。じゃぁ，ダンスの移動も，先生にくっついて行ったんでしょうか。

　そうでしょうねぇ。

●●考　察●●　　　子どもを理解すること

　アキ先生の省察は，チキチキルームの踊りに参加した大勢の子どもたちの中で**サク子**に向けられました。アキ先生がチキチキルームの曲をかけたとたんに駆け寄って踊り始めたメンバーの中に**サク子**が入っていたのです。**サク子**は気持ちよさそうに音楽に合わせて動いていますが，先生を追いかけ先生の傍であ

そびたがる**サク子**がやりたいあそびをできているのか，アキ先生は気にしていたのでしょう。アキ先生の語り方に注目してみましょう[注4]。

> 「先生がいないとちょっと泣いたり，血相変えて探し回って，見つけると追いかけてきて。自分がやりたいことがあっても，先生が移動するとそれを投げ捨てて移動する。それが今，ちょっとそうでもない。」
> 「先生の様子は気になるけれども突進するんではなくて，一応確認して，まぁ大丈夫ならあそびを続けるし，これは！と思えば追いかけてくる……って感じかなぁ。」

　アキ先生の語りは，子どもの視点で想起している発話と自分自身の視点で想起している発話が交互に出てきます。「**サク子**が」泣く，探し回る，追いかける，ここまでは**サク子**の側に心を寄せて，自分が**サク子**になったかのように**サク子**の行為を描いています。それが最後になると「（追いかけて）くる」と言って，**サク子**を迎えた自分の身の内から**サク子**をみています。「**サク子は**」先生の動きを気にしている，けれどもちょっと考え確認する，安心感が損なわれないと思えばあそびを続ける，けれども不安だと思えば追いかける，ここまでは**サク子**の側から想起し，最後に「（追いかけて）くる」と自分の側から想起しています。アキ先生は**サク子**の身体に身を寄せて**サク子**の側から想起して語り，最終的には私（アキ先生）がそうとらえているという，自分自身の身体に立ち還って「私のとらえ」として語り終えているわけで，視点を移動していることがわかります。

　そのように考えると，アキ先生の子ども理解は単に頭で記憶を再生しようとするものではなく，感覚を動員し，身体性を伴ってわかろうとしているといえるでしょう。記憶には，**サク子**の側に心を寄せて何かをした事実がないからです。省察する段になると，アキ先生は子どもの気持ちになろうとしたり，その子の行為を自分はどのようにとらえていたかを思い出したり，とてもエネルギーを使って省察されていることがわかります。子どもにとってその行為がどのような意味をもっていたか，できるだけ本当のことを知りたいと願う保育者

の省察です。理解は理解する側に生じる経験ですが，手前勝手な解釈もまた，当人にとっては理解です。アキ先生のしようとしている子ども理解は，「私にどう理解できるか」を急がず，「子どもがどのような経験をしているのか」を可能な限り確かめ，「あの時あの人はこういうつもり（思い）でそうしていたのではないか？」と繰り返し問うた末に，最後に「私にはそう思える」に帰着するのだと思われます。

事例3－2－2．　お面の顔（4歳児5月）

　ユウ介は机でお面を描こうとしている。画用紙をじっと見つめ，クレヨンを手に持ったまま何か考えている。アキ先生がスッと自分の後ろに立った気配を感じ，ユウ介は振り返って先生の顔を見上げた。ホッとしたような表情を一瞬浮かべて，ユウ介は「○かいて」とお願いする。アキ先生は「一緒に描いてみよう」と言って屈み，クレヨンを握っているユウ介の手を右手で包み込んだ。二人の手で画用紙に○を描いた。ユウ介は気に入らないのか，顔を下に向けて身体をこわばらせている。アキ先生が手を離した後も，クレヨンを握った手は画用紙の上から動かない。

　アキ先生はユウ介の顔を覗くようにして「もっと大きく？」と尋ねた。ユウ介が微動だにしないので，アキ先生は画用紙を裏にひっくり返し，「今度は先生が描いてみるね」と言った。ユウ介は差し出されたアキ先生の手を見ながらその手にクレヨンを乗せた。「こーうかな」と言いながらアキ先生は，さっきより大きく楕円を描いた。「どう？」と聞くと，ユウ介は「これじゃダメ」と小さな声で言いながら泣き出した。「これでもダメなんだ。じゃ先生，画用紙持ってくるね」とその場を離れた。とたんにガタンと大きな音がして，アキ先生は積み木を力任せに投げたヤス男のそばへ行った。「やっちゃん，それしたら積み木も壊れちゃうしね，お友だちに当たって痛いから，そーっと動かして」と話している。ユウ介は机ではさみ，クレヨンをいじっている。いかにも持て余している感じである。やがて右手にはさみ，左手にクレヨンを持ったまま，あ

まり動かなくなってきた。目はぼんやりと前を見ている。

　3分ほどしてアキ先生が机に戻ってきた。「お待たせしました，**ユウ介**くん。はい。ここに描いてみよう」と新しい画用紙を置く。左手で紙を押さえて描かないとうまく描けないのだと話しながら，**ユウ介**の手をとって楕円を描いた。**ユウ介**は「ダメ。これじゃあダメ。もっときれいな」と言う。アキ先生が困った顔になり，画用紙を裏返す間，**ユウ介**は足元を通っているノブ**タカ**の電車を覗き込んでいる。どうやら気持ちがお面にだけ向いていないように見える。アキ先生はもう一度，楕円を描いた。「ダメ」と言われる。「先生これ以上できないわ。一生懸命やったけれど，ここまでしかできないの」と途方に暮れているアキ先生に，**ユウ介**は「先生，これ，目がないの」と言い出した。楕円の続きに**ユウ介**の期待があったのかもしれない。「目を切りたいの？　それなら先生できるわ」とアキ先生は晴れ晴れとして，さっき描いた楕円の中に目を二つ切り抜いた。**ユウ介**はこれにも「ダメ」と言う。「こうするんじゃないの？」と聞いたアキ先生の目に，驚きと落胆の色が少しあった。

　アキ先生がまた積み木あそびの人たちのところで手伝いをしている。**ユウ介**はさっき描いた画用紙をゴミ箱に捨てて，そのまま先生のところへ行った。「先生，むずかしくないよ」と言う。先生に「緑だとむずかしいの？」と聞かれ，「そう」と答える。即座に机に行き，緑色のクレヨンを箱に戻して，群青色のクレヨンを出した。群青色のクレヨンは先が欠けていた。「これはダメだ」と**ユウ介**は独り言を言いながら，クレヨンをゴミ箱に捨て，今度は青いクレヨンを箱から取り出した。青いクレヨンを持ってアキ先生のところへ行き，「紙ちょうだい」と言う。アキ先生はチラと**ユウ介**の手にある青いクレヨンを見て，「もう1枚？今度は緑にするんだった？　青にするんだった？」と微笑んだ。**ユウ介**は「青にする」と言って画用紙を受け取ると，少し嬉しそうな口元で机に一人戻った。

○●保育者の語り●○　　　自分で考えるようになってほしい

　ゆくゆくは子どもたちが，ちょっとでも自分の頭で考えて，「どうしようか
なぁ」とか「どうしたらいいかな」……いい悪いじゃなくて「ぼくはどうしよ
うかな」「私はじゃぁこうしようかな」って考えるようになってほしいと思っ
ていて，そういうふうになるように話しかけや対応をしないと，そうはならな
いっていうのかしら。今の段階では「こうしてみたら？」「ああしてみたら？」って，
まだそれが多いんですね。4歳児のこの時期だから，何か聞かれた時には，
子どもが迷ってるから聞いたのだと思うので，それには何らか応えてあげたい
思いもあるから，わりと「じゃぁこうは？」とか「こういうふうにしたら？」っ
て答えてます。「あなた，考えなさい」って言うんじゃなくて，子どもが「じゃぁ
私はこうしようかな」って思えるようなことばの返し方っていうの？　それを
もう少し考えていこうとは思いますね。
　たとえば小さなことではね，はさみが出ていたとしたら，「これ，はさみ，
しまってきて」ってやっぱり言っちゃってるんですよ，ストレートにね。今は
「はさみっていうのは使わない時にはしまうものなのよ」って伝える時期では
あると思うから，わりとはっきり伝えるけれども，もしかしたら「ここにはさ
み出てるけど……」って，本人が，出てるけどこれはしまっておかなくちゃっ
て，「あっ！」と思ってくれる？　そういうような返し方をね？したいと思う
んですよね。それにはね，一生懸命気をつけないといけないと思うんですけど
ねぇ。そういうのって，難しいですよねぇ。
K：そうですよねぇ。
　こう言ったら子どもが自分の中でね，ちょっと意識するかなっていう返し方
がねぇ。本当に個人差があるから，いつ頃になったらこうしようというのは，
一概に言えないですけど，そういうことを心積もりにしていきたいなって思い
ますね。ただ，今は入園して2か月くらいのお子さんもいるので，そういう
人は知らないことがたくさんあるから，ここでの生活の仕方をね，そういうの
を知らせていく段階でもあるから，「ここではこれを使わないで」とか「これ
をしたら危ないから」とか「これを使う時はこうやって使ってね」とか知らせ

る段階だと思うんですけれどもね。それをいつ頃どういうふうにして伝えるようにしたら，子どもたちが自分でちょっと頭を働かせるようになるのかなぁ。ルールとしてだけじゃなくてね。そういうふうになってほしいんですけどねぇ。

●●考　察●●　　大きな願いと今日のかかわり

　子どもたちは日々思い思いのあそびに専念しています。人魚になりたい女児も，お面をつくりたい男児も，自分のイメージを形にしてあそぶために，必要な物をつくりだそうと一生懸命です。どうしたらよいか考えてやってみては，先生に助けを求めています。アキ先生は，子どものイメージをわかろうとし，「こうかしら」と考えながら必要に応じて知恵や手を貸していきます。保育者が正解を握っているわけではありませんから，保育者が子どものイメージをわかるために，あるいは今できる最良の援助をするために，知恵が求められるのです。お面をつくりたくて画用紙に思うような楕円が描けずにいる**ユウ介**は，アキ先生に描いてほしいと頼みました。アキ先生は，**ユウ介**が本当は自分で描こうとしていたことから，一緒にクレヨンに手を添えて二人で描き始めました。次に「今度は先生が描いてみるね」と言って描くのですが，何度描き直しても**ユウ介**の気に入る楕円にはなりませんでした。

　アキ先生は**ユウ介**との根気あるかかわりの中で，一度も「自分でやって」という主旨のことを言っていません。度重なる「ダメ」に対し途方に暮れながら「先生これ以上できないわ」と一人の人として素直な無力感を伝えています。**ユウ介**が自分で描くかどうかは**ユウ介**に任せる他はなく，とにかく自分にはこれ以上の描画ができないことを伝えて，ならばどうしようかと**ユウ介**が考える余地をつくり出しています。**ユウ介**は，アキ先生が積み木に移動した後もおそらくどうしようか思案したのでしょう。先生のところへ出向いて新しい画用紙をもらい，自分で描く意思も併せて伝えています。画用紙を持って机に向かう彼の口元に，スッキリと決断した自信のようなものを感じることができました。

　子どもが何をして，どのようにあそぶかを子ども自身が決めて実行する保育では，子どもは先生の先導に従って，つまり先生の求めているイメージを後追いしながらあそぶわけではありません。「どうしたいの？」と聞かれる環境は，

子ども自身しか主体になれない環境でもあります。自分でイメージを描き，それを実現するために何をすべきか，自分で考えて決めることができる自由度の高さは，誰かが引き受けて替わってくれるわけではない厳しさを併せ持っています。子どもは考えて自分を動かす経験によって，成長していくので主体性というのは一朝一夕で芽生え育つものではありません。

　アキ先生は，**ユウ介**のお面づくりに直接言及していませんが，今自分が日々行っている保育行為と，未来に実現されてほしい子どもたちの生き方への願いのつながりを語っています。当然**ユウ介**との場面を視野の中心において省察したはずです。新入園児も混じっている４歳児の５月の現状では，行為を直接的に指示するような言動も行わなくては，子どもたちに園生活のルールが身につきません。けれどもアキ先生は，それらが先生から指示された園のルールだから従うだけでなく，そのルールが園生活でなぜ必要なのかを考える力，自分とみんなの快適な環境維持のために自分を動かす力の成長を願っていることがわかります。考える力，自分の考えで自分を正しく動かす力が育つよう，いつまでも今やっている援助を続けるのではなく，アキ先生自身が援助の方向性を切り替えるタイミングや，今ここでしている保育行為の妥当性を「一生懸命気をつけなくちゃいけない」し，それはとても「難しい」営みであると語っています。

　保育者は子どもが飽きる心をそっと励まし，続けやすくする提案もします。そうした援助を受けている自覚もないまま，子どもはあそびと共に育っていくようです。イメージを現実に変える様々な力をつけ，子ども自身が考えて試行錯誤し，あそびを展開できるようになっていきます。そうした，やがて目に見えてくる成長は，保育者が刻々と一生懸命考えながらかかわり，大きな願いの実現に向けて不断のかかわりを続けているから実を結ぶものなのです。

事例３−２−３．　七夕のあそび（４歳児７月）

　マキ子が机で短冊に願い事を書いている。書いていると言っても，文字を書

いているのは頼まれたアキ先生である。**マキ子**が座っている後ろから，かぶさるようにしてアキ先生が「おほしさまがでるように」と書いた。アキ先生は書き上げると「これでいい？」と**マキ子**の顔を覗き込み，満足げな**マキ子**の表情を見届けて教卓に戻った。他にも短冊を書きたい子どもたちが，紙をもらいに来たり，字を教えてほしいと言いに来たりしている。**マキ子**は少し得意げな表情でしばらく短冊を見下ろしていたが，立ち上がると先生のところへ行って，短冊に紐をつけてほしいと頼んだ。アキ先生はその場で短冊の紐をつけて**マキ子**に返すと，「遅くなりました〜」と言いながら，人形劇をやっている子どもたちのところへ行き，客席に座った。

　人形劇は 3 人の女児がやっているが，皆で一つのお話を上演しているわけではなく，それぞれが舞台で人形を動かしている。しばらくすると，客席のアキ先生の元へ，**ヤス男**が声を上げて泣きながらやってきた。アキ先生は客席に座ってしゃくりあげる**ヤス男**の顔を見ながら少し話を聞いていたが，やがて立ち上がると**ヤス男**の手を引きながら遊戯室へ移動した。アキ先生の手には短冊が提げられている。どうやら**ヤス男，ユウ太，ノリ男**が遊戯室の隅に敷いてあるマットであそんでいて，もめ事が起きたらしい。アキ先生と戻ってきた**ヤス男**が入り，4 人でワニとチーターのあそびをひとしきり楽しんだ。そこへ，保育室から短冊を提げて**マキ子，チサ子，リコ**が先生を呼びにきた。アキ先生は**ヤス男**の頭に触れて「ちょっと，探検に行ってくる」と言い残し，遊戯室までついて来ていた女児たちと保育室へ戻っていった。

　保育室へ向かう廊下で，**マキ子**が提げていた短冊に**リコ**が接触し，短冊の紐がとれてしまった。**マキ子**は叫んで泣き出した。アキ先生は**マキ子**の手元で紐のとれた短冊を見て，「取れちゃったの。じゃ，直してあげよう」と穏やかな口調で言い，また歩き出す。**リコ**が歩きながら**マキ子**の顔を横目で見て，「ごめんね」と小声で言う。**マキ子**が何も言わずにいると，アキ先生は「ねぇみーちゃん，人がごめんねって言ってる時は，すごーく悪かったなって思ってる時なのよ」となだめる。そして視線を**リコ**に移して言った。「じゃ，**リコ**ちゃん，一緒に直してあげよう」。保育室に入ると，材料コーナーで**マキ子**の短冊に紐をつけ直し，アキ先生はそれを「はい，直ったよって」と，**リコ**に手渡した。

　それから皆で庭に面した出入り口のガラスに短冊を吊るした。**チサ子，リコ**が書かれている願い事を互いに読み合う。短冊を吊るす作業を手伝ったアキ先生も「ステキじゃない。ハートがついてて」と嬉しそうに短冊と女児たちを見つめている。**シン介**がやってきて，自分も短冊を書きたいとアキ先生に伝えたが，アキ先生は一緒にあそんでいる**ショウ**と**ヨウ**が心配するから，今あなただけ来てしまわない方がいい，短冊はいつでもつくれるからと話し，**シン介**と連れ立って庭へ出た。

○ ●保育者の語り● ○　　　**損してる感じがある**

　この短冊づくりは，たまたまおうちで笹飾りを見たのか，突然朝来たら「お願い事書きたい」って始まったんです。せっかくそう言ってますしね，七夕の日まで待つ必要もないのでね，紙を出したんです。何を書こうかっていうのはまったく子どもたちに任せて，私は全然かかわらないで，こよりをつけるところだけ手伝いました。あとちょっと，貼る時にてつだいましたね。

　マキ子ちゃんと**リコ**ちゃんの「取れちゃった」「ごめんね」っていうところは，**マキ子**ちゃんの持っていた短冊が，はずみだったと思うんですけれども，**リコ**ちゃんに当たって取れたみたい。引っ張っちゃったのか，ぶつかったのか。で，**リコ**ちゃんもそのことでは悪かったなっていうふうに思っていたみたいなんですね。**マキ子**ちゃんはさめざめと泣いていて。**リコ**ちゃんがわりと，こういうケースが多いんですよ。思わずやっちゃったことで相手が泣いちゃう。**リコ**ちゃんは悪気もなんにもないし，いじめるとか，わざとっていうつもりがないのに，何かが起きてしまって相手に泣かれて。ものすごく自分でも切なくなっちゃうような表情になってることがあるんですね。ほんとに悪かったと思ってるらしくて。

　ただそういう時，なんか周りの雰囲気が「**リコ**ちゃんが悪い」みたいな雰囲気になりがちなんですよ。だからこの時もそうだったんですけど，「**リコ**ちゃ

んが悪いとかじゃなくて，**リコ**ちゃんはそうするつもりじゃないけれども，うっかりそうなっちゃったから，じゃぁそれは直してあげよう」っていうことで，ここでは**リコ**ちゃんへのフォローが必要だなと思ったんですね。直したのは私なんですけど，**マキ子**ちゃんに渡すのは**リコ**ちゃんに「渡してあげて」って渡したんです。

　リコちゃんがわりと，そのへんの表現が下手なんですねぇ。なんか損してる感じがあるもんですから，ちょっと気をつけてあげたいなぁなんて思っていたんです。

○●保育者の語り●○　　あれでよかったのか

　シン介くんと**ヨウ**くん，**ショウ**くんが滑り台のところですごく面白そうにあそんでいるのが，見えてたんですね。**シン介**くんと**ヨウ**くんの先週後半の様子が，今一つ自分の面白いあそびが見つからないでうろうろしてる様子があって。それが今日は，滑り台のところで朝からずーっとあそんでいるのが見えていたんで，せっかくだからそれを続けてほしいと思ったんです。それで，あそこで**シン介**くんが短冊のあそびに来ちゃうと，たぶん核になってるのは**シン介**くんだと思うんですね，後で聞いたら**ヨウ**くんが王様って言ってたんですけど，王様は**ヨウ**くんでも実際のあそびを進めているのは**シン介**くんのような気がしてたんで，その**シン介**くんが抜けちゃうと，せっかく楽しくあそんでるのが崩れちゃうので，ちょっと，あそこまでは言ってみたんですね。**シン介**くんもたまたまここを通り掛けに短冊のあそびを見て，"やってみたいな"と思ったぐらいだったので，ちょっと試しにああいうふうに言ってみたんです。もしそれでもダメだったら，「もういい。あっちはやめた」とかね，そういう言い方をして短冊をつくりに来るんじゃないかなと思ったけれども，全然戻って来なくって。しばらくして私が**シン介**くんたちのあそびのところへ行ったら，やっぱり最初のあそびをずーっと続けていたんです。だから結果的には，**シン介**くんを戻してよかったなって，思いました。この日はそう思ってたんです。

　でも，私が**シン介**くんに「でも」って，「短冊は後でもいつでもできるから

いいんじゃない?」って言って返しちゃったことが……後で思うといろいろ……結果的には他の人たちのあそびも，**シン介**くんも，さっきと同じようにあそびが続けられたことは今でもよかったと思うんですね。だけど，もしかしたら1枚だけでも短冊をつくってから戻してあげてもよかったんじゃないかなっていう思いが，今となっては残っています。

　この**シン介**くんのことに限らず，一人ひとりの気持ちに沿った対応っていうのがベースにあるって思いながらも，何人かであそんでいたり，クラスの中でのその時のその子の在り方によって，こちらの対応はやっぱり……気持ちに添うことはベースだけれども，そこでいろいろ考えざるを得ないし，やっぱり大勢いる中でのその子の今の気持ちに添った対応っていうのは，その子の横にいる子の気持ちもあるわけで。3人なら3人あそんでいる子の気持ちを踏まえた上でその子の気持ちに添うっていうことは，難しいなって，やっぱり思って。これは**シン介**くんの場面をきっかけに思っちゃったんですね。それでもやっぱり，その子にとって今何が必要か。その子の気持ちに添うっていうことだけじゃなくて，その子には今この時期，またはその日，何が必要かっていうことが加わる……っていうのかなぁ。それが私の願いになってしまうのか，その願いがあまり先に出すぎない方がいいんだろうし。その子にとって，その子の気持ちに添うこととこちらの願いと，いろいろ組み合わさっていくんだなって，思いましたねぇ。

　ま，この場面ではちょっと反省として，**シン介**くんに一度つくってから「みんな待ってるわよ」って言えば済んだのになって思いましたね。っていうのは，この時に私は，**シン介**くんの気持ちも考えたけれども，残された人のことを，この時はすごく優先しちゃったんですよね。その時にどっちを優先するかっていうあたりが，その時の先生の咄嗟の判断なんですけれども，その繰り返しなんですよね。こういう時の瞬時の判断で，**シン介**くんのことも考える，でも**ヨウ**くんのことも**ショウ**くんのことも考えて，一番いい方法っていうか，適切な判断ができるといいんですけども。

●●考　察●●　　「子どもの気持ちに寄り添う」なんて簡単なことじゃない

　子どもたち同士のかかわりは，双方向に思いが通じ合う場面ばかりではありません。**リコ**は**マキ子**に意地悪な気持ちを抱いてなどいなかったのに，接触が原因で**マキ子**の短冊が破損し，**マキ子**に泣かれてしまいました。アキ先生が「**リコ**ちゃんがわりと，こういうケースが多いんですよ」と語っているように，**リコ**はなぜか仲良くしていたい友だちに"またやった"と思われることが多いようです。悪気はなくともこうしたことが何度もあったのだから，**リコ**には独特の迂闊さがあるのかもしれません。とはいえ，そこが**リコ**の切なさであり，アキ先生はその切なさを感じ取っています。まして，うっかりやってしまったことの結果を，**リコ**が悪かったと思っているのですから，不器用な**リコ**が他児から嫌われないためには保育者の特別な配慮が必要になります。

　アキ先生は**マキ子**に，謝っているのだから許してあげなさいとは言いません。**マキ子**にしてみれば大事な短冊を"壊されて"悲しい気持ちがあるのだし，相手が謝ればただちに気持ちが切り替えられるわけではないことをアキ先生は受け入れているのでしょう。アキ先生はただ，人が他者に「ごめんね」と詫びる時には，そう言うなりの覚悟があることをわかってもらおうとしています。その一方で，**リコ**には悪かったと思う者として今からどうできるかを示し，先生としては他にも気になっていることがたくさんあるにもかかわらず，すぐに短冊を一緒に直すことを始めました。しかも，実際にはアキ先生が上手に直したのですが，あたかも**リコ**が直したかのように**リコ**から手渡しさせています。この一連の行為でアキ先生は，子どもにできることの可能性を示し，自分は黒子になって，子ども同士の直接的な関係修復に尽力したことになります。アキ先生の援助で，**リコ**は悪かったと思うことをしてしまった後，こんなふうにもできる一例を体験できたわけです。

　一方，**シン介**が短冊をつくりにやって来たのを，友だちと続けてきたあそびに戻らせたことについて，保育直後には"あれでよかった"と思えていたアキ先生が，時間が経つにしたがって"本当にあれでよかったのだろうか"と揺らぎが生じています。後で見にいったら，あそびが継続していたので"よかった"

と思ったのに，なぜか滑り台のあそびから抜けて短冊をつくりたがった**シン介**の思いが，後になって省察するアキ先生の胸に迫ってきたのでしょう。

　幼稚園にはたくさんの子どもがいて，それぞれが好きなあそびを選び展開しているなら，一緒にあそんでいても一人ひとりの思いやイメージや願いはズレがあるかもしれません。あそびの向かう方向がいつまでも足並み揃っていることの方が少ないのではないでしょうか。あそびに対する思いのベクトルが一方向ではなくなった時に，子どもたちにはその局面を乗り越えるという課題ができます。同時に保育者には子どもが課題を乗り越えるために必要な援助をするという保育課題が生じるのですが，保育者は人間ですから，一人ひとり皆の思いを叶えられる魔法使いにはなれません。その場で知り得たことを最大限考慮して，最善と思った方向に援助する他はありません。それはかかわったすべての子どもにとっての最善ではないかもしれませんが，それでも保育者は，否応なしに瞬時の判断と何らかの応答をしなければならないのです。

　アキ先生のように一方から考えれば"よかった"と思える援助が，もう一方の視座からとらえ直した時，迷いが生じ葛藤になることは，保育者である限りいつも付きまとうことでしょう。幼稚園は子どもたちの集団生活の場なので，子どもと保育者の一対一のシンプルな関係で援助できない以上，なかなか隙なく最善を実現することはできないからです。だから，「子どもの思いを尊重したい」「一人ひとりに寄り添いたい」と念じ続けながら日々の園生活を子どもと共にし，あれでよかったか？　と問い続ける省察が，明日以降の保育のために大切なのです。

事例3−2−4．　他者（ひと）が思いどおりにならない（4歳児7月）

　シュウ平，**リコ**，**フミ**がテラスに出ている。**シュウ平**は四つの牛乳パックで水の入れ替えをしている。**リコ**は保育室とテラスの境になっているドアにもたれ，庭の方を向いて，明らかにうなだれている。**フミ**は険しい表情で**リコ**に文句を言っている。どうやら**フミ**と**リコ**は一緒にトイレへ行ったのに，**リコ**が自

120

分を待っていてくれず先にテラスへ戻ったことが気に入らず，しきりに責めているようだ。**シュウ平**は牛乳パックの水を隣の空になった牛乳パックに移すと，顔を上げて**フミ**に向かって言う。「でもさ，**フミ**ちゃんがトイレしてる時，**リコ**ちゃんが来ちゃってさ，**リコ**ちゃんがトイレの時は**フミ**ちゃんだって来たってさ，いっしょだよ」。

リコがしょんぼりうつむいたまま速足で歩きだした。保育室を通り抜け，廊下に出てまた壁にもたれる。**フミ**は**リコ**を追って廊下まで行き，「どっちも悪いんだって言ってんだよ」と強い口調で伝える。**フミ**もやるせないような表情になっている。**リコ**はまるで逃げるように廊下を移動する。

5分後，三人はかくれんぼを始めた。**フミ**と**シュウ平**は乗り気だが，**リコ**はまだやや元気なく，**フミ**にひきずられてあそんでいるようにも見える。**リコ**の動きが鈍く，かくれんぼでは楽しめなくなって，**シュウ平**はどこかへ行ってしまった。残った**フミ**と**リコ**は，保育室のテラス出入り口近くでお店をすることにした。少し**リコ**の表情に生気が戻り，**リコ**はアキ先生に「お店やさんするから」と言って画用紙を2枚もらって戻ってきた。二人でマジックを持ち，お店の看板を書き始めた。

○ ●保育者の語り● ○　　気を取り直すこと，もう一度一緒にあそび直すこと

　シュウ平くんがやってるあそびは私も目に見えていて，時々見ては「ん（頷く）」って思ってました。牛乳パックにお水入れたり入れ替えたりして，彼らしいあそびを自分でみつけて，そこで楽しんで。終わった後もちゃんと後始末をするっていうあたりがね，彼らしいなぁと思って，見ていました。**リコ**ちゃんのところは，この時には私はいきさつを見逃してしまいました。あ，**フミ**ちゃんとの兼ね合いでしょうか。

K：そうです。トイレから出たら，待っていてくれると思った**リコ**ちゃんがいなくて，テラスに戻ったら，いた。それを**フミ**ちゃんが**リコ**ちゃんに怒って。

　　シュウ平くんがあそびながら仲裁していて。

　やっぱりねぇ，シュウ平くんってそうなんですよね。

K：彼が「どっちもどっちだ」というようなことを言って。リコちゃんはしば
　　らく引きずっているような様子で，フミちゃんに引っ張られてお店のあそ
　　びまではいきましたけど，あの後，お店がどうなったかは，見ていないん
　　です。

　そうなんですか。私はお店屋さんのところはよく知ってるんですけれど，そ
の前のいきさつがわからなかったんです。そういうトラブルがあったけれども，
だんだん気を取り直して最後には楽しくあそべたっていうのは，私，フミちゃ
んにとってはすごくいい経験だったと思うんですね？　フミちゃんはわりと今
まで，ここでもトイレの件でそうですけど，どっちが悪い何が悪いってすごく
決着をつけようとするんですよね。それはそれでいいんですけども，なんか，
物事の受けとり方がわりと否定的で，あんまりいいふうに受けとらないんです。
人がしてくれたことも。「そういうつもりじゃないのよ」って，私が気がつい
て間に入った時にはわかってくれるんですけど，そうじゃない時は結構，怖い
顔して人に応えてることがあるんですね。そこがもうちょっと，自分の気持ち
だけじゃなくて，相手の様子に気がついたらずいぶん違うのに，っていう思い
が私にあったんですね。でもこうやって，何かがあってもその子とけんか別れ
しないで，また戻れたっていうのがすごくよかったねって，私は思います。

　今までフミちゃんに気になってたのは，人と話したりあそんだりする手続き
の時に，条件をつけることが多かったんですね？「こういうことするなら入れ
てあげない」「こういうことしたらやってあげる」とか，それがちょっと気になっ
てたんですねぇ。で，あのお店屋さんはとっても嬉しかったらしくて。サチ子
ちゃんが入れてもらえなくて，サチ子ちゃんにとってはつまらなくなっちゃっ
たんですけど。フミちゃんが「ダメ！」ってすごく断ってて，「ダメ」「入れ
てあげない！」とかバシッバシッと切って，サチ子ちゃんがすごく悲しそうな
顔してたんですよね。それで，聞いたら「今日はリコちゃんと二人でやりたい
んだから」って言ってたんです。

　お店が始まったいきさつがわかると，やっぱり二人でやりたかった気持ちは

わかりますよねぇ。そういう時は「ダメ」「ダメ」って言わないで，「今日は二人でやりたいから」って言えば，「フミちゃんいいのよ」っていうのを，伝えたかったんですけどねぇ。私もフミちゃんが「二人でやりたい」っていうのを聞いたから，じゃぁそういう時は無理しなくていいと思ったから，サチ子ちゃんに「今日は二人でやりたいんだって」って言ったんですね。サチ子ちゃんがすごく落ち込んでたし，いつも仲良しのマミちゃんがお休みでずーっと一人であそんでたのがちょっと可哀想だったんですけど，でもよかったのは，このお店屋さんでかわいい絵をもらったんです。それがサチ子ちゃんすごく嬉しそうだったから，「じゃ，それ入れる入れ物つくろうか」って提案して。入れ物を私がつくってあげて，それでサチ子ちゃんも立ち直って。

　このお店屋さん，フミちゃんにとってとってもいい終わり方だったと思うんです。

●●考　察●●　　他者も自分も先生も人であること

　フミはトイレから出た時，リコが廊下で待っているはずだと思っていたようです。ところが廊下に出るとリコの姿はなかったのですから，フミとしてはまず驚き，なぜ待っていてくれないのか戸惑い，期待に応えてくれなかったリコへの憤りと，信じていた関係性が揺らぐ不安など，いくつもの心の動きが葛藤を引き起こしたことでしょう。フミはリコを探して，一緒にあそんでいたテラスに戻ってみると，そこにリコがいました。

　この場面はともすると，思いどおりにならなかったフミがリコに対して，長時間わだかまる怒りをぶつけた出来事としてとらえられると思いますが，ここでフミの思いに着目してみると，上記のように，リコと仲良しであることが嬉しくて仕方ないフミの思いも感じ取ることができます。フミは自分が“待っていてほしい”“待っていてくれるだろう”と思ったために，それが現実にならなかったことがやるせなかったのだろうと思えるからです。そう考えると，リコが元のテラスに先に戻っているのを見て，リコに向けて気持ちが表出する時に怒りに替わったことは不思議ではなくなります。リコにとっては極めて理不

尽でしたが，フミただ一人の心の動きを追ってみると，4 歳児が友だちを求め，相手との関係を深めようとして思いどおりにならなかった時の自然なやるせなさにも思えます。

　一緒にあそんでいたシュウ平は，怒っているフミに対し，状況が逆であったらフミも先に戻ったかもしれないことを伝えています。シュウ平のことばは拙いですがフミに真意は伝わっていて，フミはその後，立ち去るリコを追って「どっちも悪いんだって言ってんだよ」と言っています。この，一見乱暴で怒っているように聞こえることばは，自分はリコばかり責めたけれど実はやり過ぎていることに気づいていること，リコだけが悪かったわけではないとフミなりに伝えているのです。その時やるせない表情が見られたのは，本当は仲良くしたいと思っているのに，なぜ自分はこうなってしまうのかという哀しみがあったからではないでしょうか。

　リコに眼を移してみましょう。リコはなぜ，フミから離れることを強行せず気まずい時間をやり過ごしたのでしょうか。シュウ平のように離れることも選択できたはずですが，フミの思い入れが強いのはシュウ平よりリコです。だからリコは逃げきれなかった面もあるかもしれませんが，それだけならお店やさんを楽しむことはできなかったでしょう。リコの側にも"待っていてほしかった"フミの気持ちに気づかず，応えてあげられなかったことに胸の痛みがあったから，嫌な思いをしつつも持ちこたえたとも考えられます。アキ先生の語りには，フミがお店を「今日は二人でやりたいから」と言ったことが出てきました。一緒にお店をしたいサチ子を拒否してでも，リコと二人のあそびにこだわったフミが，思いどおりにならなかった出来事を乗り越える経験ができたことをアキ先生は喜んでいます。出来事がより正確にわかると，リコにとってもフミと向き合い，自分を律してでもフミとの関係を修復して，あそびを共にしようとする経験が成り立っていたことがわかります。

　この事例では，アキ先生が知らなかった出来事が観察者Kによって知らされ，フミとリコがサチ子を排して二人であそぶことを咎めなくてよかったとアキ先生が実感できました。保育者はいつも 360°見渡せる目を持っているわけではないので，見聞きしていない子どもたちのかかわりは数多あります。観察者の

情報で辻褄が合うことも，子ども理解が深まることもあります。けれど，子どもと保育者の園生活は人と人が互いに限界を有しながら折り合ってよりよくしようとする営みですから，園内で起きるすべての出来事を保育者がを知り尽くすことが必ずしも重要ではないかもしれません。知らずに誤解していたことが時を経て解消したり，本当にそうだったのか？と自問しながら次のかかわりに臨む積み重ねの中で，保育者が真摯に子どもたちを理解したいと願ってかかわり続ける生き方が，子どもたちの人とかかわる生き方に練り込まれていくのです。現にアキ先生は，Kの情報がなくても二人だけであそびたい**フミ**の思いを尊重しています。

　人が思いどおりにならないことを思い知る場面は，相手との関係をどう生きようとするかが試されるし，関係から逃れずにどうにか局面を打開しようとする志向が芽生える時でもあります。アキ先生がどのような信念をもって日頃の保育を営み，**フミ**にどのような願いを持っているか，省察を語ってもらうことで観察者Kが場面の意味を理解できた事例でした。

ある日のひとこま④（4歳児7月）

保育室で線路に電車を走らせていた男児が，いつのまにか他のあそびに移り，もう夢中になっている。線路の近くでは，カセットで音楽をかけて女児たちの踊りが始まった。アキ先生は床に膝をついて手早く線路を片付け，誰にともなく「ここね，通れるように広くしたの」と言う。

Ⅳ　友だちに心を寄せる

　他者を思いやる行為は，自分が他者から温かく肯定され励まされ，思いやられて育っていないとなかなか生まれない行為です。それができるようになるためには，大人の援助に加え時間も要します。

　子どもの園生活は安心できる拠り所となる先生に支えられ，やりたいあそびに出会い，いざやり始めたらうまくいかず，葛藤や悔しさを経験します。他児とのコミュニケーションも，互いに一緒にあそびたいと思っていても，すれ違いや意思のぶつかり合いが伴って，いつも笑顔で協働できるわけではありません。毎日毎日自分のやりたいあそびを保育者に助けてもらい，他児との関係性を支えてもらいながら，子どもたちは実に様々な経験をしています。そうした経験の積み重ねがあって，相手の思いに触れるチャンスを得た時，スッと相手の思いを感じ取る感覚が育まれるのかもしれません。長い時間をかけて，子どもは自分の成長と本当の意味での他者との出会いを実現し，心を寄せ合う関係を築けるようになっていきます。そのような成長は保育者がことばで教えて実現できるものでもありません。生きたリアルな関係性が繰り広げられる保育の場で，今この時が大切だと保育者が子どもの学びの一瞬を掴み取る結果として表れるものです。

　ここで紹介する事例は，まさに幼児が他者のために自分の居方を咄嗟に考え行為している場面です。子どもの自由なあそびを主軸とし，先生が子どもの元へ出向いて援助する保育が，このような子どもの心と身体のしなやかな動きを育てることにつながる事例です。

事例4-1.　せんせいも入れてあげよ？（3歳児10月）

　マキがままごとコーナーから出てきて「せんせい，一緒に食べよ」とアキ先生を誘った。アキ先生は大事そうに花束を抱えて保育室を横切っていた。振り返ってマキに「うん。一緒に食べる。ちょっと，お花だけ飾っちゃうね」と答え，そのまま窓辺の花台の前に行った。花を1本1本手にとっては水道の上ではさみを入れ，花器に差していく。ちょうどそこへ登園してきたアミが，立ち止まって一部始終を見聞きしていた。アミは母親が立ち去ると，すぐにままごとコーナーへ行った。ままごとコーナーに行ってみると，さっきアキ先生を誘った明るいマキとは違う，椅子に座り込んでぼんやりしているマキがいた。アミは一瞬立ち止まったけれど，マキにじゃれついた。キャーキャー歓声を上げながら二人はからみつき，ケラケラと笑い出した。一区切りして身体を離すと，マキが言った。「せんせいも入れてあげよ？」。

　花を生け終えたアキ先生が「お待ちどおさま」と顔を出した。二人は先生に食べさせるお料理をつくり始めた。アキ先生は登園してきたユウに「おはようございまーす」と挨拶したり，あそびを探して保育室の物やコーナーを見て歩いている子どもに目を配りながら，お料理しているマキとアミのそばにかしこまって座っている。

○●保育者の語り●○　　「せんせい」ってどんな人？（保育から1年後の語り）

　ここは後から記録を読んでもホッとするような場面です。

K：はい。そうですね。

　先生って，どういう存在なのかな，子どもはどう思ってるのかなって，思わされました。先生なんだけど，ちょっと仲間みたいね？「せんせい入れてあげる」とかね？

　「一緒に食べよ?」って。先生って，お花活けに行ったり，他の子にちょっと挨拶に行ったり，……誰々ちゃんとは違う存在，だけど，生活の中ではちょっと仲間みたいに一緒にあそんだりしてる……子どもはどういうふうに思ってるんだろうなぁって，思って。

K：マキちゃんはすごく親しみを感じてますよね。

　このマキちゃんは，もう既に，自分は"先生と一緒にあそんでる"って思ってましたね。「せんせい，一緒に食べよ?」に対して私はお花のことがあるとか言ってるんだけども，もう先生とあそんでると思ってるから，「入れてあげよ?」っていうのは……あれ，完全に先生を入れてはいないと思ってるのかな。

K：まだ，一緒に食べてはいないけれども自分は先生とあそんでいるので，後から来たアミちゃんにもそのことを承認しておいてもらいたいということだと思います。先生があそびに戻りやすいように。

　先生が一緒にあそんでることをアミちゃんは知らないからね。

K：そう，そう。それをとてもさり気なく気遣ったというか。そのさり気ないやり方がアキ先生と似てると思ったんですよ。さり気ないのに，ちゃんとつないでる。それを"私がつないであげてます"って思わせないところ。3歳児がそんなふうにできるんだと思って。

　子どもにとって先生はどういう存在なのかって……保育者っていろんなことするでしょ。その中に，こうして仲間みたいに一緒にあそぶこともあって。子どもにとってはどういう存在なのか……。

K：ひと色じゃないっていうか……

　子どもながらに，きっといろんな……不思議な存在なのかもしれない（笑）。

K：それだけ先生が，いろんな関係性をもっていらっしゃるから

　この園の先生はみんなそんな感じじゃないかな。泥んこになったり，頭にお花くっつけて踊ってみたり。それでいてある時は，先生然として振舞ってみたり。その微妙な切り替えをしている。そういう姿を見せている。

K：今この人にどういう先生が必要か，っていうので，いろんな関係をもっていらっしゃるんですよね?

　そうね。

K：そしてだんだん先生に似てくるのかなと，思った場面でした。

　そう。そうなのよ。これ，他の子どもの名前に入れ替えても通じるじゃない
ですか。「さきちゃんも入れてあげよ？」とか「こうちゃんも入れてあげよ？」
とか。そういう中にアキ子さんがいるみたいな感じがして，ちょっと嬉しい。
そういうふうに先生もなるんだなって思った。

K：お友だち関係にも，こういう力が発揮されてるわけですよね。

　「あの人も入ってるんだよ？」ってね。

K：後から来たアミちゃんに，「私はもう先生とあそんでるの」なんて言わずに，
　　先生も自然に戻れるような言い方をして。これ，偶然なんだろうか？って
　　考えました（笑）。そうじゃないと思うんです。感激しました。

　子どもってすごい。

●●考　察●●　　育つということ

　この朝，**マキ**は少し早めの時間に登園してきたので，まだ他児がまばらでし
た。**マキ**はままごとを始めたものの，一人きりではつまらなかったのでしょう。
つくった料理を誰かに食べてほしくなったのか，アキ先生を誘いました。先生
も快く誘いに応じてくれましたが，腕に抱えていた花束を花器に活けてから食
べにいくと返事をしました。きっと**マキ**は，料理を続けるでもなく先生を待っ
ていて，その様子がKには「椅子に座り込んでぼんやりしている」姿に見え
たのだと思われます。後から登園した**アミ**も「一瞬立ち止まった」ところをみ
ると，やはり**マキ**があそんでいるようには見えず，どうかかわろうかと一瞬戸
惑いを感じたのかもしれません。

　その**アミ**が，ことばで例えば「一緒にあそぼう」といった誘い方をせず，い
きなりじゃれついていくところに，この二人あるいはこの園の子ども同士の関
係の柔らかさを感じることができます。一緒にケラケラ笑い合い，**マキ**が「せ
んせいも入れてあげよ？」と提案したのは，自分と**アミ**は既に一緒にあそんで
いることを受け入れていて，そこにさっき約束したアキ先生が自然に受け入れ
られるよう，子どもなりに布石を敷いているのではないでしょうか。あそびに

「入る」「入れることを認める」といった仲間入りに関する門切り型のやりとりをしなくとも，各自が他者を自然に受け入れ，あそびの輪を広げていけるのは，入園以来半年の間にそうした関係の柔らかさを保育者が身をもって示し，子どもたちがそのような関係を結ぶことを助けてきたからでしょう。

　保育者は援助する人で，子どもは援助の対象と思いがちですが，この場面でアキ先生はそうとも知らずに**マキ**の配慮ある布石によって，自然にままごとの仲間入りを果たしています。子どもの育ちが，大人も気づかないところで実は大人が助けられる出来事を生み出しているのは，微笑ましくも頼もしいことです。

事例4-2. 帰りのひとこま（3歳児11月）

　ハル子は**ユウ治**と保育室のウレタン積み木を積んでいたが，積み木を別の場所に移そうとして運んでいると，ままごとコーナー脇に置かれていた椅子の脚につまずいて転倒してしまった。近くにいたアキ先生が泣き声で気づいて駆けつけた。しゃがんで**ハル子**を膝に乗せ，**ハル子**の顔を覗き込みながら赤くなった膝を撫でる。おかえりの支度が始まっていて，先生が円形に並べた椅子に座りにくる子ども，既にすました顔で座っている子どももいた。アキ先生が座っている子どもたちに「膝が痛いんです」と悲痛な表情を向けると，子どもたちは今気づいたように立ち上がって，**ハル子**を囲んだ。**サヤ**は**ハル子**の泣き顔を見て「かわいそう……」とつぶやいた。アキ先生は「じゃ，近くに座ろう」と元気よく言って，**ハル子**を座らせると自分も隣に座った。

　モト美は**ハル子**の様子を尻目に，せっせと散在している椅子を皆が座る輪に運んでいる。アキ先生は「**モト美**ちゃーん，ぜーんぶ片づけて椅子の用意してくれたんだ。ありがとう」とお礼を言い，ほとんど座り終えた子どもたちに向かって「さぁ帰ろう」と笑顔を向けた。

　サヤはアキ先生の空いている方の隣に座り，集まったクラスの皆に東京ドームで迷子になった話をした。ところどころアキ先生が**サヤ**に質問したり補足し

たりしながら,話をつなげた。**サヤ**の話を聴き終え,アキ先生が手紙を順に配っていると,**モト美**が「せんせい……」と小さな声で言いながら椅子から立ち上がった。アキ先生は**モト美**の顔を見てすぐに「お鼻出ちゃった?ティッシュで拭いて」と伝える。けれど**モト美**は「ティッシュにポケット入ってない」。アキ先生は思わず笑いながら「ティッシュにポケット入ってない?じゃ,あそこ」と靴箱の上に置いてあるティッシュの箱を指さした。**モト美**は言われた方にすぐ行ったけれど,箱の中に手を入れ,覗いてみて,がっかりした顔を先生に向けた。「入ってない」。もう誰の目にもわかるほど,鼻水が垂れていた。アキ先生は少し急いで「じゃ,待って」と机の引き出しからティッシュを1枚取り出し,**モト美**の元へ走った。

　アキ先生が今にも**モト美**のところへ到着しそうなその時,少し離れた位置に座っていた**ユウ治**が慌てたように素早く,バッグの中から取り出したティッシュを**モト美**の前に差し出した。「貸してあげる」。アキ先生は息をのんで,それから驚きを喜びに変えて「**ユウ治**くん。ありがとう」と言った。

- - -

○●保育者の語り●○　　自分のことのようにとらえて動けてる（保育から1年後の語り）

　ここではね?　おかえりの時は,次々にいろいろ起きる,そういう時なんですよね。「膝が痛いんです」って言ったのは,記憶にはなくて,たぶん無意識,咄嗟に「今痛いのよ〜」って言った場面なんでしょう。

K：はい。

　その後の場面なんかは,3歳児ながらにいろんなことが起きてる。痛い人がいたり,いつもはおかえりの時間になると椅子が並んでいて座るんだけれども,並んでいないのを見て並べてる子がいたり,迷子になった話まで聴いていて,そして最後に鼻水が出て。

K：そーう（笑）。

　痛いこととか,迷子になるとか,鼻水,椅子並べ……こういうことって,自

分のこととしてとらえられる。痛いっていう感覚はわかってるから、「私も痛かった」とか，あと迷子も結構切実で，みんなわかるんですよ。鼻水もわかる。だから自分と重ねて周囲に起きていることを見られる，そういう出来事が起きてるんですよね。先生はバタバタしてるけど(笑)子どもはこんなふうにみんな，自分の体験と照らし合わせて見てるから，「迷子」って聞けばピッと聞けたり，「そうか痛いのか」とか，慌ててティッシュ出してあげたり。もちろん先生のフォローはあるんだけど，そういうことって3歳児でもこうやって小さな場面で受け止められるんだなぁ，そういうことが先々の育ちに繋がっていくんじゃないかなと思いましたね。

K：そうですね。

　ここでは私，ティッシュはあそこにあるからって，指さしただけですよね。

K：そう，そう，そうです。その時にすぐにはティッシュを取りに行けない状況だった。

　確か，あそこにあるから行ってきてって言ったような。モトちゃんて人がいろいろなことをやれる人だったから，逞しい人だから。椅子も並べちゃってる人で。大丈夫と思ってそうしたんですね。11月でこうだったんですねぇ。

K：すごいですよねぇ。絶妙なタイミングだったんですよ。あの瞬間に差し出されなかったら，鼻水が口に入ったというその時に，

　鼻水はユウ治くんにも経験あるし。

K：急がなくちゃって思ったと思うんです。

　みんなティッシュも持っていて，わかる。自分のことのように受け止められてるんですね。感心しちゃいました。

K：これ，放っておけばこうなるわけではなくて，やっぱりこれが，教育を受けてる3歳児，ですよね。

　何かが積み重なってきて，こうなのかなぁ。

●●考　察●●　　他者に起きていることに心を動かす

　一日園であそんだ子どもたちは，あそび込んだ後の高揚感を持ち帰ったよう

132

な状態で，保育室に集まってきます。高まった集中や興奮を冷ましているような，いくぶん倦怠を味わっているような表情の子どももいます。事例では，近くで他児が転倒し，泣き声をあげている割には，誰も関心を向けていません。あそび込めばあそび込むほど，冷却の必要性も高く，保育室に戻り椅子に座ったからといって即時に切り替えられるものではないのでしょう。アキ先生は少しずつ，"あなたたち一人ひとりのあそび"から"クラスみんなの時間"に移行させようとしているようです。

　転倒し痛い思いをしているハル子を手当てしながら，「膝が痛いんです」と，アキ先生は他児に伝えているような，独り言をいっているような言い方をしています。アキ先生の独り言として聞き流すことも十分可能な，発信力としては弱い伝え方であることに注目してみましょう。アキ先生はあそび終えた子どもたちの状態を知っているので，もう自分のあそびを追求する時間ではないのだから，他児にも眼を向けてと強く押し出しはしていません。それでも，園生活には自分以外の人たちそれぞれに様々な出来事が生起することを知ってもらいたかったのではないでしょうか。子どもが受け取って応答することもできるし無視することも可能であるという，絶妙な言い方をアキ先生はあえてしています注5)。

　「膝が痛いんです」は，アキ先生が単にハル子の状況を他児に伝達しようとして言ったようにも受け取れますが，ハル子の痛みをアキ先生が感じ取って痛さを分け持ったことの表現なのかもしれません。もしアキ先生がハル子の痛みを自分も感じているよと表現しているなら，アキ先生はハル子を対象化して外側から関心を向けていたのではなく，痛みを負っているハル子の側に身を寄せていたことになります。ただし，ここでアキ先生の発したことばを受け取ってハル子の状態を自分と結びつけるかどうかは，子どもたち一人ひとりに任されています。アキ先生のことばを聞き流すことも許容されています。

　一人の子どもの身に起きていることを私たちの仲間に起きていることとして伝える保育行為は，子どもにとって，自分にも何か起きた時には先生や他児は気にかけてくれることを肌で感じる体験になっているはずです。だから私（子ども）も他者の状態を気にかけるようになっていきます。けれどそうした子ど

もの成長は，保育者が願ったその時に表れるとは限りません。アキ先生の願い
に基づく保育行為と日々接していきながら，徐々に子どもの変化が表れるのを
待つ保育が行われているのです。**ハル子**の膝の痛みにはあまり子どもたちの心
の動きが見られなかったものの，その後に**モト美**がティッシュを探した場面で
は，**モト美**の状況を我が事のように「大変！」と感じ取り，素早くティッシュ
を取り出す行為が**ユウ治**に表れました。アキ先生が日常の小さな出来事に眼を
向け心を留めて，身体を動かすのを目の端でとらえてきた経験が，**モト美**の状
態と気持ちに触れた**ユウ治**の心と身体を突き動かしたのだと思われます。Kの
眼には，アキ先生が半年あまり積み上げてきた保育が一つ開花結実した瞬間の
ように見えました。

むすびに

　子どもは保護者や保育者など身近な大人から大事な存在と思われ，一人の人間として尊厳を認められ，声に耳を傾けてもらえることで，他者もまた自分と同じ人間であり，他者を自分が尊重して生きることを体得していきます。時間をかけて繰り返し自分自身が尊重される体験をすることで，やがて自分の思い通りに相手を動かしたい気持ちをこらえ，他者の声に耳を傾ける態度が芽生えてくるのです。幼児期の関係体験で培った「人っていいな」という感覚が，他者を好きになる心につながり，他者のために少し自制しようとする理性を生み出します。この理性は，「相手の身になって考えなさい」と言われるから，叱られないために表面的に親切をするのとは異なる育ちです。幼児性は自己中心性でもあります。自分の思いを大人が受け止めてくれることで，子どもは他者を頼りながら自分を成長させていきます。その成長過程が温かい道のりであれば，子どもは辛くとも自発的に，自分に育った力を他者のために使う方向に歩むことを選択するでしょう。就学すれば小学校の先生を頼り，学んだことを力にして今度は友だちを助けるはずです。幼児期の保育は，その人の生涯を通じて生きてはたらく人間関係力を育むのですから，人と社会の持続可能性と質に影響する重要な仕事です。

　本書に登場した子どもたちは，あそびを実現するための製作にかなり苦心していました。形を決め，切り抜いた人魚のしっぽを，全部ピンク色にするのは疲れるし，塗り続ける行為に飽きも出てきます。それでも"もうやめよう"とは思わずに，途中で先生に手伝ってもらってもつくり上げようとする熱意があり，アキ先生もその熱意がくじけないよう手を貸しています。アキ先生は，まずこの自分を頼りに思えることを第一歩とし，先生を頼りにできればその子は今後友だちを頼れるようになっていくと考えているようです。助けを求める

子どもを先生が助けていくうちに，友だちを助けようとする子どもが現れます。そんなふうに助けられたり助けたりする関係ができてくると，鼻水を拭くティッシュが見つからずに困っている友だちに，自分のティッシュを差し出す行為が生まれるのです。

　大人はとかく目的に向かって合理的に前進することに注力しがちです。もちろん目的を達成するために最も無駄なく直線的に進めるルートを導き出す力も大事ではありますが，大人にとっては回り道や立ち止まりに思える過程で，出会える学びが沢山あり，日本の幼児期の教育はむしろそこに光を当て大切にしてきました。

　落ち葉の下から小さな一匹の虫を見つけ出すような嬉しい発見や，偶然の出会いを学びのチャンスに変え，予定を修正しながらその後の軌道を子どもにとって最良のものにできる感覚の冴えた保育者が，優れた保育者ではないか，そんなことをアキ先生から学んだ道のりを本書でご紹介しました。保育について子どもについて，真剣に愉しく語り合う方たちのそばに置いていただけることを祈念しております。

2023 年 5 月

注 1）子どもの真似と模倣については，以下の文献を参照できる。中田らは，「真似」と「模倣」の質，意味を区別しており，真似を他者の行為の繰り返しとしつつ，真似の深さや多様性を明らかにし，子どもの園生活にとって重要な機能があると述べている。

注 2）片づけについては津守房江の記述を参照されたい。津守は「片づけることは，過ぎ去った時の物を整理するだけでなく，この空間を愛して，またここで生活しよう，またここで遊ぼうという時，無理なくできる」と述べている。津守もまた，片づけを行為としてのみとらえてはいない。

注 3）保育観察で見えることと見えないこと，わかることとわからないことがある。このことについて守隨（2007）は，観察する研究者の立場で保育の出来事を理解するには，保育者との語り合いが必要であることに言及している。

注 4）本書では保育後の省察をアキ先生に語ってもらっているので，振り返って実感されること，改めて考えたことが【語り】として収録されている。保育のさなかで保育者が子どもの気持ちが「わかる」瞬間の訪れに注目した研究が田代（2021）である。本書でも参照を勧めている守永の保育事例解説を分析したものであり，こちらも参照してほしい。

注 5）子どもに語りかけているのか，独り言を言っているのかわからないような言い方をあえて選ぶ保育技術について，守永（2001）が自らの保育事例の解説として述べている。

［参考文献］
・守永英子（2001）「さびしい砂遊び」『保育の中の小さなこと大切なこと』フレーベル館　pp.19–22
・中田基昭編著（2019）『保育のまなざし―子どもを丸ごととらえる現象学の視点―』新曜社　pp.1-50
・守隨香（2007）「保育者の語りをとおしてみえ始めること」『日本保育学会会報』第138号　日本保育学会　pp.5-6
・守隨香（2015）『語りによる保育者の省察論―保育との関連を踏まえて―』風間書房　pp.103-130
・田代和美（2021）「子どもの気持ちがわかること，子どもとつながれることは保育者にとってどのような経験なのか―守永英子の省察と語りを中動態表現に着目して読み解く―」『児童学研究』46　日本家政学会児童学部会　pp.38-47
・津守真（1974）『見えない糸　人間現象としての保育研究』光生館　pp.109-153.
・津守房江（1988）「片づけること」『育てるものの日常』婦人の友社

◉ 著者紹介

守隨　香（しゅずい　かおり）
　お茶の水女子大学大学院　人間文化研究科人間発達学専攻（博士課程）単位取得退学
　千葉経済大学短期大学部初等教育学科（2004 よりこども学科）准教授
　共立女子大学家政学部児童学科准教授を経て 2017 年より教授
　保育と保育者の省察を研究テーマとしている。保育者の一瞬の保育行為がどのような必然があって実現したのか読み解くことを追究している。

◉ 事例の保育者紹介

吉岡晶子（よしおか　あきこ）
　お茶の水女子大学家政学部児童学科卒業
　東京都公立幼稚園教諭を経て 1989 年よりお茶の水女子大学附属幼稚園教諭
　2013 年，お茶の水女子大学附属幼稚園退職
　こども教育宝仙大学，國學院大學，十文字学園女子大学で非常勤講師

◉ 表紙・挿絵

佐伯眞人（さえき　まひと）

幼稚園だいすき　―子どもの園生活と育ち―

2023 年 8 月 1 日　第 1 版第 1 刷発行

◉編著者	守隨　香
◉発行者	長渡　晃
◉発行所	有限会社　ななみ書房
	〒 252-0317　神奈川県相模原市南区御園 1-18-57
	TEL　042-740-0773
	http://773books.jp
◉デザイン	内海　亨
◉印刷・製本	株式会社　ながと

©2023　K.Syuzui
ISBN978-4-910973-30-2
Printed in Japan